U0024763

思想觀念的帶動者

文化現象的觀察者

本土經驗的整理者

生命故事的關懷者

{ PsychoAlchemy }

啟程，踏上屬於自己的英雄之旅
外在風景的迷離，內在視野的印記
回眸之間，哲學與心理學迎面碰撞
一次自我與心靈的深層交鋒

榮格與 X 小姐的曼陀羅

個體化歷程研究
A Study in the Process of Individuation

卡爾‧榮格（Carl G. Jung）著

王慶蘋　譯

王浩威　審閱

一個現代人的曼陀羅

譯註：本圖為榮格所繪。

　　本書包含三個篇章，全文譯自普林斯頓大學出版之英譯版《榮格全集》之第九卷，第一部分，第六篇。（*The Archetypes and the Collective Unconscious*, C. G. Jung, translated by R. F. C. Hull, 2nd edition, 1968, Princeton University Press）

走向心理分析的源頭

王浩威（榮格分析師、精神科醫師）

1

英文的《榮格全集》（*The Collected Works of C. G. Jung*，德文本則是 *Gesammelte Werke*）的整理計劃，是 1945 或 46 年就開始的。也就是說，榮格在 1961 年去世前的十五年，他親自參與而慢慢地開展這一個龐大的編輯工作。

榮格和他的學生以及贊助者之所以開始這樣的努力，或許與當時才開始編輯的英文版佛洛伊德全集標準本，有所關聯。在當時，佛洛伊德標準本的翻譯計劃，則是更早兩年就開始的，也就是 1943 年。

英文的佛洛伊德全集，正式名稱是《西格蒙德·佛洛伊德全集心理學著作標準版》（*The Standard Edition of the Complete Psychological Works of Sigmund Freud*），主要是由詹姆斯·斯特雷奇（James Strachey）擔任總編輯和主要翻譯者、在安娜·佛洛伊德（Anna Freud）的合作、和妻子阿利克斯·斯特雷奇（Alix Strachey）和編輯艾倫·泰森（Alan Tyson）協助下，從 1943 年開始，一直到 1974 年才完成。標準版（通常縮寫為 *SE*）共二十四卷，第一版是由倫敦霍加斯出版社（Hogarth Press）於出版，與德國 Gesammelte Werke 版是不同的。

2

　　至於榮格全集的進行，除了榮格本身原本就有強烈的意願以外，最關鍵的人物應該是瑪麗・康諾弗・梅隆（Mary Conover Mellon）。她在三十歲那一年，1934 年，開始接觸到榮格的著作，1936 年和丈夫一起參加榮格在紐約分析心理學俱樂部的演講，日後表示：「我不太確定自己是否能夠了解他演講的內容，但我很清楚跟他的關係將會很深。」

　　出生於 1904 年的瑪麗，父母分別是醫生和護士。她一生雖然大部分時間都遠離家鄉堪薩斯城，但現在仍有一個紀念碑矗立在彭布羅克山學校（Pembroke Hill School），也就是她生前所就讀的日落山學校（Sunset Hill School）。《榮格全集》英文版編輯威廉・麥奎爾（William McGuire）在《博林根：收集過去的冒險》（*Bollingen: An Adventure in Collecting the Past*）一書中說：「她從幼兒園開始學習法語，上鋼琴課，編輯學校雜誌，但迴避體育運動。」因為從童年時，瑪麗飽受哮喘發作的困擾。瑪麗和她的父親都認為她的病情可能涉及身體和心理方面，一旦得到足夠的理解，情況就可能會有所改善。

　　瑪麗在索邦大學和哥倫比亞大學學習法語。她第一次婚姻非常短暫，在那保守的年代，對整個家庭引來強烈的恥辱。1935 年瑪麗再婚，第二任丈夫是保羅・梅隆，比瑪麗小三歲，畢業於喬特學院和耶魯大學。他的祖父托馬斯・梅隆帶領兩個兒子創建了梅隆銀行（現在的梅隆財團 Mellon Financial Corporation），保羅和其他三位同輩家族曾經同時名列美國最富有的前八名。保羅喜歡馬和藝術品，瑪麗卻經常因為對馬過敏而哮喘，他們都希望她的部分問題可

能是心理上的，因此瑪麗和保羅開始與兩位榮格分析師魏佛倫夫妻（Ann and Erlo van Waveren）個別進行榮格取向的分析，並且參加1936 年榮格在紐約廣場旅館（Plaza Hotel）的演講。保羅和瑪麗期待能夠與榮格有私下分析的機會，但榮格行程太滿，這對夫妻索性跟著飛到蘇黎世，與榮格本人進行分析，並且在兩地來來去去。

保羅本身是慈善家（華盛頓國家美術館很大程度上歸功於梅隆家族）；而 1943 年開始策劃，1945 年終於成立的博林根基金會（Bollingen Foundation），則由瑪麗領軍。瑪麗以榮格親手打造之石塔所在的村莊博林根為名而成立基金會，最主要的目的就是要幫榮格在美國出版他作品的英文翻譯。她這樣寫信給榮格：「世界是如此混亂，對我來說，像你這樣的作品，以及其他能夠貢獻關於人類和人類靈魂之歷史的、真實的、學術的和有想像力的書籍作品，如果我能夠盡我所能來維持其流傳並提供支持，將因此而更加重要。」她是該基金會的第一任主席，也是《博林根系列》的第一位編輯，該系列包括榮格博士的作品，並由萬神殿圖書公司合作出版。（後來才改與普林斯頓大學出版社合作。）

不幸的是，瑪麗的健康狀況令人擔憂，哮喘問題又嚴重復發，於 1946 年 10 月去世。那天她早上去獵狐，下午病倒就離世，年僅四十二歲。她對丈夫保羅說的最後一句話是：「我還有很多事情要做呀。」此後，保羅繼續支持基金會原來的一切計劃。

3

1944 年，大戰期間，瑞士和外界的通訊變得艱困。當瑪麗終於可以通過瑞士外交郵袋寄信時，她告訴榮格，她計劃重建博林根基金會，並要求獲得翻譯和出版榮格英文文集的權利。但榮格卻拒

絕了她的請求：「經過深思熟慮，並考慮到過去幾年的經驗，我得出結論，我無法將我已經出版和將來要出版的所有作品的出版權授予梅隆夫人。」

震驚的瑪麗無法接受榮格的決定。榮格是因為更早以前與英國 Routledge 出版社（即後來的 Routledge and Kegan Paul）多年的合作，而拒絕了她。即便如此，她還是希望阻止榮格簽署未來的工作合約。兩人關係原本相當親近，現在榮格態度卻變得如此堅持，瑪麗感到非常困惑，她於是立即行動，透過博林根基金會直接與 Routledge 總經理富蘭克林打交道，提供 1000 美元的預付款，促成了 1946 年 1 月 1 日《博林根叢書》的出版。

1946 年 1 月 1 日這一天，博林根基金會也開始正式運作。瑪麗決心將埃拉諾斯講座（Eranos）的精華單獨編入《博林根叢書》。這一年，基金會的律師在與 Routledge 進行了微妙而艱苦的談判後，終於獲得了榮格作品在美國的出版權。

1946 年 8 月，在戰後的第一次埃拉諾斯會議，在奧爾加 - 弗德貝 - 卡普汀（Olga Frdbe-Kapteyn）加布里埃拉之家（Casa Gabriella）的客廳裡，博林根的新任編輯約翰・巴雷特（John D. Barrett）代表博林根，帶著瑪麗的信件，還有 Routledge 代表赫伯特・雷德（Herbert Read），當然榮格也在場，多方一起敲定了美國、英國和德國三方的版權和規格。

至於實際的編譯工作，瑪麗一開始是希望讓凱莉・貝恩斯（Cary Baynes）做榮格的官方翻譯。凱莉・貝恩斯原是榮格在英國重要弟子彼得・貝恩斯（Helton Godwin Baynes，暱稱 Peter Baynes）的妻子，在二〇年代將榮格許多的著作翻譯成英語，甚至最近的資料顯示她在 1924 年 5 月幫榮格《紅書》手稿進行了全新

的抄錄。只是三〇年代，凱莉在榮格的建議下開始將衛禮賢德文譯本的《易經》和《金花的祕密》轉譯成英文，而這工作到了當時還在如火如荼地進行中，凱莉分身乏術。

於是，Routledge 代表雷德因為希望英語版編輯能以倫敦為基地，而提議找麥可‧佛登（Michael Fordham）。榮格則持保留意見，因為他「對佛登博士還不夠瞭解，不能絕對肯定他就是合適的人選」。最終，儘管榮格擔心佛登不擅長德語，但雷德同意任命再加一位聯合編輯，也就是榮格自 1930 年就認識並信任的傑哈德‧阿德勒（Gerhard Adler，二次大戰前從德國移民英國），消除了榮格的擔憂。（當然，另外一說是佛登和英國的克萊恩等佛洛伊德分析師走得太近了，擔心他不夠正統，才找了阿德勒來平衡）而雷德則為自己爭取到了一個職位，成為編輯之中的「平衡輪和仲裁者」，始終是佛登和阿德勒之間的調解人，也是任何分歧的最終權威。開始工作以後，三位編輯下面執行工作的執行編輯則是博林根基金會聘為專職的威廉‧麥奎爾。

4

編輯陣容決定了，要找誰翻譯是一個大問題。譯者理查德‧赫爾（R. F. C. Hull, Richard Francis Carrington Hull）最初是雷德找到的，他們私交甚深，更重要的是各方都認為他是一位極好的人選，儘管對榮格的心理學一無所知。雷德安慰赫爾說，編輯們特別想要一位翻譯家，而不是心理學家，「因為他們中的大多數人都不會寫作」。赫爾一直住在慕尼黑，當時已經是韋伯、馬丁‧布伯和格奧爾格‧米施等思想家或作家的譯者。赫爾高大、優雅、相貌出眾，但有明顯的口吃。他「思維異常敏捷，善於抓住要點，這使他非常

適合翻譯榮格通常是深奧的文本這一艱巨任務」。

這些工作在定案一年後，即 1947 年 8 月 25 日，才正式簽訂合約，部分原因是瑪麗的早逝，但主要因為榮格是個「精明的討價還價者」，他「要求並獲得了異常高昂的版稅」，並規定第一卷必須在三年內，即 1950 年之前翻譯出版。所以在 1953 年《心理學與煉金術》最終問世之前，這一條三年條款受到了一系列意外事件的困擾，需要三次延長一年。

赫爾小兒麻痺症的嚴重發作導致他手腳癱瘓，推遲了該書的完成。同時，榮格還透露了一個消息：芭芭拉 - 漢娜（Barbara Hannah）的單獨譯本已經出版了。雷德仔細提醒當初他們選擇赫爾的原因：他對里爾克和其他需要功力的德國作家相關的功力備受贊譽。榮格反駁說，里爾克是一位「與他自己相當不同的作家」，所以在閱讀赫爾的譯本之前，他不會下定論。而當時赫爾還躺在病床上，一直到 1948 年 4 月雖然能夠站立了，但臂力不足以操作手動打字機，博林根基金會於是給他買了一台 IBM 電動打字機。他先口述給妻子打字，然後自己用一隻手打字。

在這同時，芭芭拉‧漢娜完成了她的譯本。瑪麗還在世時，凱莉‧貝恩斯就警告過她和團隊在處理芭芭拉 - 漢娜的問題時要「非常謹慎」，她顯然「贏得了榮格的信任」。這團隊一開始沒考慮漢娜，是因為她以前的翻譯不算夠好。

然而，榮格最後收到了兩邊的成果，在閱讀並比較了兩個譯本以後，爭議就解決了。他只讀了一章，就宣佈赫爾的作品「了不起」，並稱讚他「天賦異稟」，譯出了「更好、更有教養」的文本。與之相比，漢娜的作品顯得笨拙和突兀。

在 1961 年榮格去世後，瑞士編輯的角色先由三女瑪麗安‧尼

胡斯 - 榮格（Marianne Niehus-Jung）負責，但沒過幾年她就被診斷出患有導致她母親死亡的同一種癌症。榮格獨子弗朗茨的妻子莉莉‧榮格 - 默克（Lilly Jung-Merker）接替了瑪麗安的工作，直到不久後她因癌症去世。在這段期間，安妮拉‧亞菲（Aniela Jaffé）雖非編輯委員會的正式成員，但她是德語組和英語組之間的重要聯絡人，原本退休的助理兼秘書瑪麗‧讓娜‧博勒 - 施密德也會出手幫忙，尤其是在決定哪些文本變體應成為最終手稿，或榮格的檔案中找不到某些著作，或者編輯們對哪個版本是最終版本存在爭議時。

編輯們的工作流程如下：德文編輯交德文定稿給赫爾，他再翻譯成英文；然後，他們閱讀赫爾的譯文並將其與德文原稿進行比較，並提出意見，赫爾隨後再做出修改。當兩種語言的文本都完成後，接下來的艱鉅任務就是讓英文本與德文本可以相互對應，並按照段落來編號。如此一來，這樣無論哪種語言或哪種版本，讀者都不必依賴頁碼，只需查閱段落編號即可找到特定段落。

榮格直到生命的最後幾個月，大部分時間都參與編譯工作。他與他稱之為「編輯奧林匹亞」的英國和美國編輯之間，書信往來幾乎不間斷，與赫爾之間的交流則佔了絕大部分。這些信件隨著時間而不斷地演變，從對赫爾措辭嚴謹的問題只是簡短而具體的回覆，到關於榮格在構思其心理學的各種基本原理時的意圖的哲學交流，再到他在引用他人著作時會主動試圖解釋的具體內容。由於兩人都對幽浮都十分著迷，兩人還互寄包括各種不明飛行物資訊在內的私人訊息。

榮格對赫爾的信任有增無減。他寫了很長的一封信，講述了他是如何希望自己對盧西恩‧列維 - 布魯赫（Lucien Lévy-Bruhl）的「神祕參與」（participation mystique）一詞的解釋，能夠在所有譯

本中得到一致的傳達。他也主動表示「我意識到我的這篇文章在翻譯時遇到了一流的困難」，並且一再對赫爾表示感謝，包括他理解了「如何將繁重的德語語法形式轉化為英語」。

赫爾學得很快，很快就能流利地使用分析心理學的語言和概念。在兩人合作的最初幾年，他住在英國多塞特郡（Dorset），後來因為瑞士的氣候對他的健康可能更好，也更容易與榮格交流，於是舉家搬到了蘇黎世和博林根中間的費爾德巴赫，冬天則是住瑞士南部比較乾燥、陽光更充足的阿斯科納。這一舉動確實鞏固了他們之間的相互依賴。到了 1955 年，榮格顯然將赫爾提升到了更高的友誼層次，信件的開頭以「親愛的赫爾」為開頭。榮格感謝赫爾的「巨大的工作」，並對赫爾的貢獻提出了自己的最終看法：「我們對您工作的參與不僅僅認為是十分專業性的：它是有生命的。」

5

普林斯頓大學出版社的博林根系列，除了榮格全集 20 卷以外，還包括了書信集、訪談集、和講座記錄等，包括《佐芬尼婭講座》（*The Zofingia Lectures*）、《神話科學論文集》（*Essays on a Science of Mythology: The Myth of the Divine Child and the Mysteries of Eleusis*，合著）、《榮格：心理反思》（*C. G. Jung: Psychological Reflections*）、《榮格著作新選集》（*A New Anthology of His Writings*）、《榮格書信集》（*C. G. Jung Letters*）、《榮格演講：訪談與邂逅》（*C. G. Jung Speaking: Interviews and Encounters*）、《榮格：文字與意象》（*C. G. Jung: Word and Image*）、《分析心理學：1925 年研討會筆記》（*Analytical psychology: notes of the seminar given in 1925*），《夢的分析：1928-1930 年研討會筆記》（*Dream analysis:*

notes of the seminar given in 1928-1930）、《靈視：1930-1934 年研討會筆記》（*Visions: notes of the seminar given in 1930-1934*），《昆達利尼瑜伽心理學：1932 年研討會筆記》（*The psychology of Kundalini yoga: notes of the seminar given in 1932*）、《尼采的查拉圖斯特拉：1934-1939 年研討會筆記》（*Nietzsche's Zarathustra: notes of the seminar given in 1934-1939*）、《古今釋夢：1936-1941 年研討會筆記》（*Dream interpretation ancient and modern: notes from the seminar given in 1936-1941*）。

最初，博林根基金會的成立是以傳播榮格的作品為目的，這是瑪麗特別感興趣的；後來，還增加了許多其他的書籍。這些書以一般出版社的市場考量而言，是不可能出版的，但因其重要性，有必要譯成英文。基金會因而贊助了所有這些作品，列入〈博林根系列〉裡，從編號第 1 號到第 100 號，包括了兩百五十多冊相關書籍。一開始是和萬神殿圖書合作，後來則是與普林斯頓大學出版社合作。另外，博林根基金會還授予了三百多項獎學金。直到 1968年，該基金會不再活躍，所有的業務主要併入安德魯・W・梅隆基金會（Andrew W. Mellon Foundation）。該基金會繼續資助博林根計劃，博林根系列則是完全交給普林斯頓大學出版社繼續進行。而這一切，始終是由編輯威廉・麥奎爾來完成。

榮格去世以後，他的後代先是組成了榮格繼承人團體（Erbengemeinschaft C.G. Jung），這也是包括博林根基金在內，許多與榮格有關的計劃都必須和這組織有關。2007 年，這組織改為榮格作品基金會（Foundation of the Works of C.G. Jung, Stiftung der Werke von CG Jung）。這組織致力於維護和發展榮格及其妻子艾瑪・榮格-勞申巴赫（Emma Jung-Rauschenbach）的文學和創作遺

產。主要包括管理該遺產的知識產權，尤其是保護這些作品的版權。基金會的宗旨是致力於正確地出版榮格和艾瑪的學術著作，並促進有關他們思想和生活的研究。

2003 年腓力門基金會（Philemon Foundation）成立：「這個組織的存在是為了提供榮格全部作品的全集版本，而且讓這版本符合最高的學術標準，並且公正地反映了這位重要創造性思想家的真實水平。」腓力門基金會顯然是繼承了博林根基金會，並且站在原來榮格全集的基礎上，以更高、更完整的視野，提出盡可能完整和準確的進化版本。2005 年 11 月，安德魯‧W‧梅隆基金會正式通知，腓力門基金會獲得了一筆四萬美元的對等資助，用於資助抄錄存放在蘇黎世聯邦理工學院榮格檔案館的一百多份未發表的榮格手稿和研討會。

到目前為止，在腓力門基金會的努力下，從 2007 年《孩子的夢：1936-1940 年研討會》的出版開始，除了 2009 年最轟動的《紅書》（*Liber Novus*）和 2020 年《黑書》（*The Black Books 1913-1932: Notebooks of Transformation*），陸續已經有十多本整理出版。未來將出版的，包括榮格 1933 年至 1941 年間在瑞士聯邦理工學院（ETH）的八個系列講座，還有重要書信集、其他講座、未發表或未完整發表的手稿等等。

6

榮格和他的翻譯者赫爾，兩個人之間如此契合的工作方式，確實是相當不容易的。特別是和佛洛伊德作品的英譯本來比較，更可以顯出他們工作的難能可貴。

除了瑪莉和梅隆家族的大力支持以外，最重要的還是榮格本身

對於英文的掌握程度。他不只可以用英文寫作，也可以用英文演講或教學。特別是他對英文的閱讀有一定的文學品味，對於自己作品的英譯本也就更能夠掌握。

在這一點，佛洛伊德吃了很大的虧。

雖然佛洛伊德 1938 年流亡倫敦，第二年在那裡去世；然而在這以前，他到英國或者是美國的機會其實是很少的。他的作品在生前就已經大量翻譯成世界各國包括中文在內的幾十種語言，然而，英文就像這幾十種語言一樣，都不是他能夠掌握的。這也使得他的英文譯作，產生了很大的問題。

然而，佛洛伊德英文標準版的影響力甚至大過德文版。在國際精神分析學會裡，這等於是官方的版本；在各國不同語言進行翻譯的時候，往往也是其他語言版本翻譯者主要的參考。許多其他語言的翻譯版本，如義大利語、西班牙語、葡萄牙語、法語（第一版）是透過英文版來完成的。

然而這一套標準版早在上個世紀的八〇年代前就已經有相當多批評，當時英國精神分析界就提出重新翻譯的主張。這些批評的重點，部分是針對主要譯者斯特雷奇本身，有一部分則是時代精神的典範轉移。

史岱納（Riccardo Steiner，英國倫敦 Westminster 大學榮譽教授、精神分析師，出版包括《佛洛伊德—克萊恩論戰，1941-1945》一書）就指出了某些缺點，包括詞彙的選擇和文學風格「一定的僵化」和過度的「科學化」。《佛洛伊德傳記》作者彼得·蓋依在更早以前就表示：「這個翻譯中最明顯的缺陷是用深奧的新詞代替了佛洛伊德喜歡的簡單德語術語」，例如佛洛伊德使用德語當中口語的「我」（*ich*）和「它」（*es*）變成了「自我」（*ego*）和

「本我」（*id*）。拉岡特別反對「將驅力（*Trieb [drive]*）翻譯為本能（*instinct*）……因此整個版本都建立在完全誤解的基礎上，因為 Trieb 和本能沒有任何共同點。」布魯諾・貝特爾海姆更進一步認為「任何只閱讀斯特雷奇的佛洛伊德英文譯本的人，都無法理解佛洛伊德對人的靈魂的關注。」也就是在德文版裡面，佛洛伊德也關注心靈的問題；到了英文版，佛洛伊德就只有心理學的探討了。

相對於佛洛伊德作品英譯的種種困難，榮格作品的遭遇顯然是幸運多了。

7

榮格的著作在中文世界的引進，比起佛洛伊德，則是遲緩了許多。

在二十世紀的二〇年代，隨著包括五四運動在內的一股強大的反傳統力量，佛洛伊德和他的理論開始引介到中文世界來。而榮格的名字也隨之慢慢被看見，出現了各種瓊葛、尤葛、永恩、融格、容戈、瓊格、雍古等不同譯名。（到了七〇年代的台灣，還是可以看到揚格和容格這兩種譯法。）

然而，榮格作品的翻譯，似乎在這一段時間是闕如的。不過這個說法也是要稍加保留，因為有關榮格在中文世界的傳播過程，到目前為止沒有任何深入的研究。

因此，榮格的作品的中譯，可能是七〇年代才逐漸出現，主要是《未發現的自我》（葉頌壽譯，台北：晨鐘，1971）、《尋求靈魂的現代人》（黃啓銘譯，台北：志文，1971）等。

2002 年在台灣，華人心理治療基金會成立，開始舉辦多次的佛洛伊德系列與榮格系列演講。

2004 年三月，蔡榮裕、楊明敏和劉佳昌三人向國際精神分析學會（I.P.A., International Psychoanalytic Association）申請成為它的一個聯盟機構（Allied Center）。2009 年周仁宇自西雅圖分析學會（Seattle Psychoanalytic Society and Institute）完成學習，成為台灣第一位國際精神分析學會的分析師。2015 年成為 IPA 研究團體（Study Group）。

而榮格心理學方面，在更早以前，則是有申湘龍在呂旭立基金會舉辦一系列相關的活動。華人心理治療基金會一開始先主辦佛洛伊德系列演講，後來開始榮格系列演講。同時也邀請大陸第一位榮格分析師申荷永來臺灣開工作坊。後來在國際分析心理學學會（IAAP，即國際榮格學會）前任主席（1989-1995）湯瑪士·克許（Thomas Kirsch）來臺灣以後，2010 年在臺北成立了發展小組。2019 年臺灣分析心理學學會（Taiwan Association of Analytical Psychology，即臺灣榮格心理學會）成為國際分析心理學學會準團體會員，2022 年成為正式團體會員。

1913 年分手以後的佛洛伊德和榮格，各自走上自己的路，他們後來的追隨者既是分成兩個大陣營，又是千絲萬縷地互相牽扯著。在臺灣也好，在大陸也好，這兩邊的發展都是經過近三十年的努力才慢慢成為社會裡生活結構的一部分。

這兩位大師的作品全集要如何轉譯成中文版，確實是相當困難。在臺灣，德文的人才相當不足。但相對於佛洛伊德著作，榮格

的作品的中譯計畫比較不受這個條件的限制。心靈工坊出版社和臺灣榮格心理學會的合作，完全是民間的性質。這樣的翻譯，需要很多人力的投入，而且是足夠用心的投入。每一年也許只是一冊或兩冊，但只要有了開頭，終究有慢慢完成的一天。

從過去努力接近卻不得其門而入的狀態，慢慢地走到了這一天：兩個學會的成立，同時都成為了國際組織的團體會員，慢慢地透過自己的語言來敘述自己生活裡的臨床經驗，同時也將最主要的原典慢慢翻譯出來，不知不覺也走了半個世紀左右了。

註：本文參考的文獻或書籍頗多，除了個人過去的著作，最主要的是：Deirdre Bair 所著作的 Jung: A Biography（2003）、張京媛《中國精神分析學史料》（台北：唐山，2007）、吳立昌編《精神分析狂潮：佛洛伊德在中國》（南昌：江西高校出版社，2009）等書。

與自性同行的共時歷程

王慶蘋

　　作為譯者，我理應著眼於如何透過煉金術與古典哲學及中世紀宗教哲學重逢、重新認識，如何隨書中的心靈轉化歷程剖析，一起看見煉金術裡的平行象徵。自榮格全集中所抽出的這本小書，其份量似輕實重，對譯者的要求是既博又精。這對念哲學出身、始終想更了解世界與自己的我，的確是一場豐富的學習之旅。但在翻譯結束後的此時，藉後見之明，我則要說這本書所觸及的個體化歷程與象徵實早已織入我，而我藉翻譯的歷程，再返將之織出：X小姐的個體化歷程與我自身的追尋一路並進，時空的相對位置無所妨礙，我與本書的相遇充滿共時性。在此，容我以個人的自述，呼應本書內容以為序。

　　夢境是通往無意識之路，而無意識為意識心靈之母。在遇見這本書之前的幾年間，我與自身夢境日益密切的關係所產生的心象，開始與我的現世經歷出現激烈與頻繁的相互體現。當我自以為人生的大地震也差不多夠了，一段由內而外、裡外互映的翻動才真正開始：象徵符號無所不在，過往與現在彼此攪和、模糊或擴大，甚或誇張了彼此；夢與非夢缺乏明顯界線，既混濁又清明，但那也可能是假象。我像不能世間言語的嬰兒，只能一直目睹、摸索，在晦暗的創作歷程中期盼一切有發酵之時，能趨近與把握到我內在強烈欲出的生命姿態。一旦夢與現實面對面、相互體現，無意識強大的驅

力便在我日常生活中無孔不入。自然我這也是後見之明，處於混沌中的我，像個週而復始兜圈子的盲人，不知會是一腳踏進深淵，還是頓時雲開見日：繪畫中的我，常聽見串珠般的詩句自耳中跳出，實際上都是無聲無詞語的詩句「感」。我的身體與眼睛在這些詩性時刻發生的同時調色落筆，但不為了達到什麼。創作，彷彿是張著眼做夢。接著，我搬離城市，在每天前往海邊的路上，內在詩句開始成形不斷湧出，我接住，寫完一首又一首的詩歌。在詩歌中，將夢境對生命此階段的我的預視與啟示，以及個人歷史的皺褶，一一攤開與揉入。與此同時，我的視覺創作與詩歌一樣，乍看抽象卻具體，只為了盡可能把握與呈現那些呼之欲出的生命的多重面貌，而不甘只著眼於一個固定形象。我企圖既暗示又揭露同時存在於我意識與無意識之間的晦澀地帶。因為那是我生命有記憶以來，最常處在的境地，也是我創作能量與一切領悟所來之處。

夢——2022 年五月二十二日。清晨。一個藍與橘紅相間的曼陀羅在我小腹上發光。

七月四日，王醫師大清早稍訊息來祝我生日快樂。奇特的時間點，我心裡感到怪怪的：我欠他一本書！但因為時程的誤解，那本書其實已由另一位譯者翻譯中。那要不要翻《榮格與 X 小姐的曼陀羅》？他說，因為那本書有圖畫。我大笑說好啊！在此之前我不了解曼陀羅，也不曾花心思認識，因為我無法（應是不願）從宗教的角度去認識。此外，我對時下流行的禪繞畫的偏見，也不讓我給自己機會真正去認識曼陀羅。

無知的我在找這本書，她早在等我。

翻譯本書時，我終於驚訝地發現我個人心象產生的議題，在榮格以 X 小姐為例的個體化歷程中，以象徵的形式被一再觸及：例

如，轉化的歷程與議題以數字象徵的方式循環出現、煉金理論中的顏色（物質）與心靈轉化的關聯、無意識中的陰影與阿尼姆斯（內在的陽性）在夢中出現的形式，或是（個人所不曾意識的）古老神話與事物突然反覆成為夢中重要角色與象徵。就這樣，我不僅參與X小姐個體化的部分歷程，同為年屆熟齡的女性，與其個體化歷程相關的象徵議題，也成為我個人內在歷程對照的鏡子。

這一切，可說我追尋自性，自性也在召喚我。

在本書翻譯的尾聲，家中突逢驟變瀕臨瓦解，我的人生再度陷入幾近失速的渦輪中。一切彷彿回到原點：這種說法，這個圓的概念，可以是繞圈圈，因恐懼與抗拒而不得其門而入，也可以是接受與正視恐懼，嘗試趨近，並試圖抓地匍匐前進，即使看似無目的地繞圈圈。每一次的相遇，每一次的猶疑、推拒又再度靠近——彷彿戀愛中陰陽力量的拉鋸與合作，都像被一個無形的中心拉進去。而每次回到的點，並非之前同樣的點，而是舊的議題在新延展出的時空與脈絡裡，有了新的挑戰，需要得到回應，被賦予新的意義。那個盈滿光、長滿眼睛、無限延伸的發光體，也擁有與之相當的無垠黑暗，我們每跳進一次那個核心，每一次與之同行，每梳理一次，每鑿出一點意義，也有可能在那裡挖出一點光。每一個歷程，就像一個不斷迴轉的拋物線，參與亙古以來推動人類生命的動力，無垠無盡。

榮格以X小姐為例的個體化歷程，無疑是一個心的宇宙論。

最後，謹以近期一個夢結尾，願各位讀者與自性一路相伴：

……友人說學生託她送我一本書，我預期是一本攝影書，但不是。雜誌大小的書像一個盒子，封面色彩細緻艷麗，上面有許多像

機械錶內精緻的金色齒輪錯落分布。每個小齒輪上方有個小洞，裡面會轉出不同種類的毛毛蟲，我有點納悶，不知該不該害怕。友人提醒我那不是真的喔！我用手去轉動或干擾齒輪，發現看似一直轉出來的蟲，的確沒掉出洞外。不停轉動的齒輪與毛毛蟲，其實又似乎是靜止的？我拿著禮物，心想：「我有一個世界鐘。」對這一直輪轉但其實靜止的機制感到驚奇不已。

2023.10.31 新店

意識、無意識，
與個體化 [1]

────────────

1　〔【原文是以英文寫就的「〈個體化的意義〉」（The Meaning of Individuation），收錄
　　於史丹利・戴爾（Stanley Dell）所翻譯的《人格的整合》（*The Integration of the Personality*
　　〔New York, 1939; London, 1940.〕）論文集，作為介紹性章節。之後榮格教授以德文重寫
　　該文，做了大量的修改，並以「〈意識、無意識，與個體化〉」（Bewusstsein, Unbewusstes
　　und Individuation）為標題，發表於《心理治療及其周邊研究之中央公報》（*Zentralblatt für
　　Psychotherapie und ihre Grenzgebiete*, Leipzig, XI〔1939〕: 5, 257-70）。英文原文的內容較長，乃
　　因戴爾先生為彙整論文集的特殊需求，而將榮格其他著作中的素材編入之故。英文原文與
　　1993 年的德文版本同為本文的基礎──英譯編者按。】〕

〔489〕在分析治療的後期經常會出現這兩個問題，一個是意識與無意識的關係，另一個則是個體化歷程（individuation process）。我所謂的「分析」，是指將無意識的存在納入考量的步驟。這些問題不會在以暗示為基礎的歷程中出現。一些初步說明或許有助於理解我所謂「個體化」（individuation）的意思。

〔490〕我用「個體化」一詞來代表一個人在心理上成為「無法—分割」（in-dividual）的歷程，亦即，一個分離的、不可分割的一體或「整體」（whole）。[2] 一般認為意識便是心理個體的全部。然而，既然對某些現象相關的認識是要預設無意識心靈歷程的存在才能加以說明的，這也就令人懷疑自我及其內容是否真的就是「全部」（whole）了。如果無意識的歷程真的存在，即使不作為意識自我的組成元素，它們必然也屬於個體整體的一部分。若它們隸屬自我，則必然是可（有）意識的，因為一切直接與自我有關的

2　現代物理學家們（例如：路易·德布羅意〔Louis de Broglie〕*）則以某事物是「不連續的」（discontinuous）概念來取代這個詞。

譯註：* 路易·德布羅意為法國物理學家，1923 年提出所有粒子都存在波動的特性，稱為物質波（Matter Wave）或德布羅意波（de Broglie wave）；而物質粒子具有波動的特性，便是所謂的波粒二象性（wave-particle duality），光是同時具有波粒二象性的典型例子。物質出現粒子性或波動性取決於其與觀測環境大小的關係：當環境大於物質，使物質可完整通過觀測點（門檻的概念），其位置具確切性即粒子性；反之，觀測環境小於物質時，物質呈現只要有空隙便穿越，但其整體一致同時穿過的現象，導致其確切位置不明確的特性，稱為波動性。因此當粒子波長越短，位置就越確切，且具非連續性；當波長越長，則具連續性，但位置則越不確切。這種物理上的「不連續性」概念，相當於哲學上與榮格心理學的自我合一且獨立於周遭的心靈整體性概念。但榮格不贊同哲學觀念中——特別是笛卡兒影響下的理性哲學傳統——將意識自我等同於心靈全體這種主張。榮格在此特地提及路易·德布羅意在物理學上的例子，一方面他仍自詡為經驗科學家，自然對他同時期的物理科學自愛因斯坦以來的突破性發展，與他分析心理學研究之間的平行關係極為重視。波粒二象性這種光的雙重本質與無意識的關係，在本書第二章也被榮格提起。此外，本篇著作出現的時期，正值他與諾貝爾物理學得獎主沃夫岡·包立（Wolfgang Pauli）具有間接但密切的分析與合作關係，兩人日後更一同出版與共時性（synchronicity）有關的研究。

皆是可（有）意識的[3]。意識甚至可以被視為自我與心靈內容物之間的關係。但無意識現象與自我之間的關係微乎其微，以至於大多數人毫不猶豫地就否定了它們的存在。但它們卻經常出現於個體的行為裡。細心的觀察者可以很輕易地就察覺到它們的存在，而被觀察者則渾然不覺他洩露了自己內心最隱密的想法，包含那些他不曾有意識地思索過的事情。但如果認為不曾被我們有意識地去思索過的事情便不存在於心靈中，這將是極大的偏見。目前已經有大量的證據顯示，意識本身不足以涵蓋心靈的整體範疇。許多心理現象是在半意識的狀態中發生的，而更多的則是在全然無意識的狀態下出現的。舉例來說，針對雙重或多重人格現象所進行的通盤考察，便揭示了大量可經由觀察來支持這個論點的資料。（讀者可參照皮耶‧賈內〔Pierre Janet〕、提奧多‧福魯諾〔Théodore Flournoy〕、莫頓‧普林斯〔Morton Prince〕，及其他人的研究。[4]）

〔491〕這些現象的重要性讓醫學心理學印象深刻，因為它們引發了各種精神與生理上的症狀。在這些情況裡，所謂自我代表心靈整體的說法根本站不住腳。相反的，除了意識，整體也必然還包含了遼闊無垠的無意識現象，而自我不過是意識領域的中心。

〔492〕各位自然會問：那是否無意識也具有一個中心？我不願擅自猜測無意識也具有一個類似自我的指導中心存在。事實上，一切現象都顯示與之相反。如果這樣的一個中心確實存在，我們應

3　譯註：在 1913 年榮格與佛洛伊德分手時，整個精神分析的陣營認為「自我」全部都是屬於意識的層面。佛洛伊德在 1923 年《自我與本我》當中，正式將兩個拓樸學觀念整合起來，「自我」在這篇文章的定義中才開始部分屬於無意識層面。然而，榮格終其一生，一直秉持原來的想法，將「自我」視為意識層面的存在。

4　【參見榮格《精神醫學研究》（*Psychiatric Studies*＊, index, s. vv.）──英譯編者按。】
　　譯註：＊《精神醫學研究》為《榮格全集》第一卷。

能夠預期到某些近乎規律存在的跡象。那麼雙重人格的例子便不該是罕有的，而是經常發生的現象。無意識現象通常以極混亂且無系統的形式來顯現。例如：夢境本身並沒有明顯的秩序性或系統化的傾向；如果夢的背後有個意識在主導，整個結構趨勢必然會不一樣的。哲學家卡魯斯（Carus）與馮・哈特曼（von Hartmann）視無意識為形而上原理，是一種不具任何人格或意識自我（ego-consciousness）跡象的普遍心靈；同樣地，叔本華（Schopenhauer）觀念中的「意志」（Will）也是沒有自我的[5]。現代的心理學家們同樣也視無意識為位居意識層面門檻之下、不具自我的一種功能。與哲學家不同的是，心理學家們傾向從意識心靈來推斷其潛藏功能。賈內認為意識存在一定的弱點，使其無法整合所有心靈歷程。反之，佛洛伊德則對潛抑某些不相容傾向的意識因素這種概念，特別青睞。這兩種理論有許多可議論之處，因為有許多案例顯示，意識的弱點實際導致了部分內容無法進入意識層面，或是潛抑了令人不悅的內容。顯然，對賈內與佛洛伊德這樣細心的觀察者，若有機會

5　譯註：叔本華（1788-1860），德國哲學家。其哲學思想發展所處的時代，仍受德國唯心論（Idealism）的氛圍所影響。德國唯心論大致承襲笛卡兒式的心物二元論（mind-body dualism），亦即：感官世界仰賴知覺而存在或可疑為幻象，但理智心靈作為沉思與懷疑這一切幻象的主體，其思維本身是最終而不可懷疑的確切存在。笛卡兒式學說主張人類作為宇宙的一部分，其架構亦承接並反映造物主的宇宙邏輯架構，且人類獨有的心靈的反思能力——意識自我（self-consciousness；此為理性思維的自我，相當於榮格所謂的意識自我〔ego-consciousness〕）——使人可藉內在直觀認識宇宙本質。德國唯心論者，例如費希特（Fichte）、謝林（Schelling）與黑格爾（Hegel）亦視人類思維架構本身便反映了宇宙運行的邏輯與本質，是一個精神的、思考的觀念實體，顯現為正、反，與融合超越的辯證循環歷程。叔本華反對德國觀念論將意識自我提升到形而上的終極地位，但他的思想仍在觀念論傳統的精神下發展，主張宇宙的原理可透過內在直觀把握，且人類有能力認識作為宇宙原理的體現的各種世界現象。然而，他反對將宇宙原理等同於意識自我中理性的意志。相反地，他稱宇宙的原理為「意志」（Will）本身，是盲目無心智、無特定目的，且是一非理性的衝動力，它是驅動人類本能的基礎，也是萬物的基礎。這個概念原創之處在於「意志」本身不具有理性與心智，也因此不具榮格在此提及的一個指導意識的「中心」（亦即意識自我）。

發現在無意識的體現中所展露的獨立人格與自主意志跡象，他們便不會以意識作為推斷無意識存在的主要來源。

〔493〕如果無意識不過是由意識裡不被巧遭到剝奪的內容所構成的，而且除此之外與意識的內容素材毫無差別，那我們多少可以視自我為心靈的整體。但實際情況並非如此簡單。這兩種理論的立基，都是來自於只限於精神官能症（neurosis）領域內的觀察。賈內和佛洛伊德兩人都沒有任何與精神醫學相關的實務經驗。如果他們能夠有這樣的經驗，兩人必定會被無意識表現出與意識經驗截然不同內容的這一事實大為震撼：這一切真的是如此奇特，無論是病人或他的醫生都無法理解。患者被大量奇怪的想法所淹沒，而這些思緒對常人來說也是同樣地陌生。就因如此，我們才會說他「瘋了」（crazy）：因為我們無法理解他冒出的這些想法。我們對事物的理解，有賴於我們擁有必備的前提知識或工具。但現在這些前提與我們的意識經驗相距如此之遙，就跟患者發狂前的心智與之距離一樣遠。不然，他也不會發瘋。

〔494〕事實上，我們無法從已知的領域中，獲得相關的病理學觀點。問題不在於正常的意識內容偶然變成無意識。而是，它們一開始就是性質令人困惑的產物。它們與精神官能症的狀況截然不同，而精神官能症本身並不特別怪異。精神官能症的狀況是能夠用人類可理解的術語來解釋的，但精神病（psychosis）卻不是這麼一回事。[6]

---

6 我在這裡指的僅適用於特定的精神分裂症（schizophrenia），像是著名的史瑞伯（Schreber）
案例＊（《一個神經疾病患者的回憶錄》〔Memoirs of My Nervous Illness〕）或是內爾肯
（Nelken）所出版的案例（〈對一名精神分裂患者的幻想之分析性觀察〉〔Analytische
Beobachtungen über Phantasien eines Schizophrenen, 1912〕）。
譯註：＊史瑞伯的回憶錄是榮格相當積極地推薦佛洛伊德閱讀，因此才啟發了佛洛伊德《史瑞

〔495〕這種極其特殊的精神病內容，是無法從意識的心靈中衍生出來的，因為後者缺乏有助於解釋這些想法怪異之處的前提。精神官能症的經驗內容能在不明顯傷害自我（ego）的狀況下被整合，精神分裂的想法則沒有辦法。它們始終難以趨近，意識自我幾乎為其所淹沒。它們甚至表現出獨特樣態吸引自我進入其「系統」（system）之中。

〔496〕這些案例說明了，無意識在某些條件下能完全接管並取代自我的角色。這種角色交換的後果便是瘋狂與混亂，因為無意識並不是有組織且功能統一的第二人格，而極可能只是一堆失去中心的心靈歷程的結集。不過，只要是人類心靈的產物就不會完全處於心靈的領域之外。即便最瘋狂的想法，必然也會與心靈內的某些東西相對應。我們不能假定某些心靈具有其他心靈所沒有的元素。也不能假設無意識只會在某些人身上才會出現自主的現象，亦即所謂某些人較易陷入瘋狂。這種自主的傾向，很有可能便是無意識的普遍特徵。從某種意義上說，精神失常只是一種隱而不顯卻普遍存在的狀況中一個突出的例子。這種自主性的傾向首先表現在情緒狀態上，包括正常人會有的那些情緒。當處在暴力的情緒中時，人們會說出或做出異於平常的事。不用特別的刺激：愛、恨、喜、憂，就足以讓自我與無意識彼此易位。在這類情況裡，極怪異的想法的確能夠佔據一個健康人的心思。團體、社群，甚至是整個國族，都可能以此模式遭到心因性的流行病所把持。

〔497〕因此，無意識自主性之肇始是來自情緒發生之所在。情緒是本能的、不由自主的反應，這種自然力的爆發擾亂了意識的

伯：妄想症案例的精神分析》這唯一一篇有關精神病的討論。

榮格與 X 小姐的曼陀羅：個體化歷程研究

理智秩序。情感不是被「製造」（made）出來或刻意產生的；它們就這麼發生了。在情感波動的狀態下，會出現一些讓當事者有時自己也大吃一驚的奇怪性格，或者隱匿的經驗內容在這個時刻會不由自主地爆發。情緒感受越是暴烈，就越是趨近病態，直到原屬無意識的自主內容將意識自我推到了一邊去。當無意識處於蟄伏狀態，這塊隱匿之地裡似乎空無一物。難怪我們總是不斷地被「憑空」（from nowhere）冒出的未知事物所震驚。當然，事後心理學家們總會揭露：這是如此這般的原因，所以必然有這類的事發生。然而，有誰能在事前便如此預言？

〔498〕我們雖稱無意識為「無」（nothing），但它卻是具有潛能（*in potentia*）的事實。今日蘊藏於我們無意識中的，是我們即將會有的思維、會採取的行動，甚至明日將成為我們所哀悼的命運。存於我們內在，由我們的情感所披露的未知事物，始終都在那，也遲早會對意識坦露它自己。因此我們需要考慮到尚未被發現的事物存在的可能。我說過，這些或許是人格裡尚未被知曉的特殊習性。但未來發展的可能性也可能藉此得以見光，有時就是在這種情感的爆發下，整體局面被徹底改變。無意識具有雅努斯的雙重性（Janus-face）[7]：一方面它的內容所指向的，是一個先於意識、史前的本能世界，另一方面它潛在地預示未來——這也是因為它對決定人類命運的那些因素，有隨時採取行動的本能。如果一開始，我們便對這蟄伏於個體內的基礎規劃擁有完整的認識，這個體的命運在很大程度上便可預知。

7　譯註：雅努斯（Janus）為古羅馬神話與宗教中的神祇，為起始之神，大門、過渡、時間與雙重性，以及通道與結束之神，掌管開始與結束，以及戰爭與和平。其形象常以一前一後的面孔表現。

〔499〕現在，就無意識在夢裡出現的這些傾向——不論是回溯的諸多意象或是前瞻的預期，在過往歷史上，夢境都被視為是對未來的預示而非倒退至舊時，而且理應如此。因為一切即將發生的，都奠基於已發生過的，且同時在記憶中留下了蹤跡——不管是有意識或無意識地。可以說，只要沒有任何一個人的誕生是從零全新開始的，而是不斷地重複人類物種發展至今所到達的階段，作為一個先驗數據。那麼他在無意識中自然包含了歷代祖先在漫長歲月中向上和向下發展的整個心靈結構，作為先驗的（*a priori*）標準資訊。這既賦予了無意識「歷史性」（historical）的特徵，同時也是塑造未來的必要條件（*sine qua non*）。基於此，要如何詮釋無意識的自主表現便很困難：可能是一種效應（*effect*）（因此具歷史性），也可能是目標（*aim*）（因而既是目的論的，也是預期性的）。意識心智的思維是不會顧及遠祖所傳下的前提，也不會去考慮這種先驗的因素對個人命運之塑造的影響。我們的思維以年為單位，而無意識則以千年為單位來思維和生活。因此，一旦發生了某些我們以為是前所未有的新鮮事，通常都是古早以前就已經發生過的故事。我們還跟孩子一樣，往往會忘記昨日之事。我們依舊活在自己的美好新世界裡，人類以為自己既嶄新又「現代」（modern）。這在在證明了人類意識的依然年輕，對自身來歷尚無意識。

〔500〕事實上，比起瘋子，「正常人」（normal）才更讓我信服無意識的自主性。精神醫學理論總是以實質的或所謂的大腦器質性障礙為藉口，貶抑無意識的重要性。但是，當這樣的觀點涉及一般的正常人時，就派不上用場了。人們對這世上正發生的，所看到的不只是一個「曾經意識到的活動所遺留的跡象」，而是依然存

在、且會持續存在的活生生心靈狀態的表現。若非如此，人們還真會震驚不已。事實上，正是那些對無意識的自主性嗤之以鼻的人，往往是對此最感到驚訝的。因為意識既年輕又脆弱，我們的意識往往會輕忽無意識。這點是可以理解的，就像一個年輕人如果想靠一己之力有所作為，就不會想懾服於雙親的權威。從歷史或個人的角度來看，我們的意識是從晦暗而昏沉的原始無意識當中所發展出來的。心靈歷程與功能是早在意識自我發生前便已存在。「思考」這功能在人類能說出「我意識到自己正在思考」前，便在那裡了。[8]

〔501〕原始時期的「靈魂的危險」（perils of the soul），主要的威脅是針對意識的。著迷、魔法、「魂飛魄散」（loss of soul）、附身等，這些很明顯是由無意識內容所導致而造成意識解離或壓抑的現象。即便文明人也無法完全豁免於原始時代的黑暗。無意識為意識之母。母親的存在代表必有父親，而他似乎不為人知。而意識帶著青春期的傲氣，或許會否定父親的存在，卻無法否認自己的母親。這樣做就太不自然了，因為我們在每個小孩身上都可以看到，他的意識自我是從短暫的意識片段裡，以遲疑又緩慢的步伐演化出來，而這些島嶼則從一片漆黑的純粹本能中逐漸浮現。

〔502〕意識從更古老的無意識心靈中長出來，而且無意識還會繼續與意識共同運作，甚至不顧意識就擅自運行了。雖然有無數的案例是意識的內容再度成為無意識（譬如透過潛抑），無意識就整體而言，絕對不僅僅只是意識的殘遺。或許，動物的心靈功能才是意識的殘餘？

〔503〕正如我說過的，要在無意識當中找到一個等同於自我

8　譯註：在這裡榮格呼應了前面他所舉例的哲學家之觀點，視無意識為一普遍心靈功能，不依附個體意識自我而存在。

裡的那種秩序中心是希望渺茫。看來我們不太可能發現一個具有畢氏學派的「相對地球」（counter-earth）[9] 特質的無意識的自我人格（ego-personality）。但我們不該忽略一個事實：就像意識生於無意識，自我中心（ego-center）也是自黑暗深處結晶而來，它以某種方式蘊含於潛能中。就如人類母親只能生出人類的小孩，它最深層的本性在它仍以潛能形式存在她體內時，便已隱含其中。因此，我們不得不相信：無意識不全然是本能與意象的混亂累積。這裡頭必然有什麼東西能結合它們，並賦予這整體所屬之表情。其中心不可能是自我，因為自我是從它誕生至意識裡，而且不僅背離無意識，還盡可能的想要摒除它。或者，無意識是否是隨著自我的誕生而喪失其中心？若是如此，我們會期望自我的影響力與重要性遠甚於無意識。如果是這樣，無意識便只是跟隨著意識的腳步，而這就是一般人的想法所期待的。

〔504〕可惜的是，事與願違：意識如此容易屈服於無意識的影響，這些影響經常比我們意識的思維還更加真實和也更具睿智。此外，無意識的動機經常會推翻我們有意識的決定，特別是在重要的事情上。事實上，個人的命運大多由無意識的因素所決定。審慎的研究顯示，我們意識的決策力相當仰賴記憶功能的不受干擾。但記憶力卻經常飽受無意識干擾之苦。此外，它通常是自發地運作

9　譯註：畢氏學派的「相對地球」，屬於西元前五世紀古希臘畢達格拉斯學派哲學家菲洛勞斯
　　（Philolaus）提出的宇宙論概念。該宇宙論假定宇宙的中心為一團火，是為中心之火（Central
　　fire），中心之火並非太陽。日、月、地球、其他行星，以及中心之火另一端的「相對地
　　球」，皆圍繞此中心之火運轉。「相對地球」概念可能預設了一個與人類地球一模一樣的
　　「另一個地球」（"another earth"，〔亞里斯多德〕）的存在，也可能是畢氏學派為了平衡中
　　心之火這一端高密度的地球所創造出的概念：行星在古希臘觀念中幾乎不具密度（地球是由
　　高密度的古典元素形成，因此並非行星），僅是氣體與火焰般密度極低的物質形成，「相對
　　地球」的存在平衡了地球，使天體和諧繞行不失衡。

著。通常的情況下，記憶利用聯想來作為橋樑，但是方式往往如此非比尋常，因此我們需要對記憶產生的整個過程進行又一次的詳盡研究，才能了解某些記憶是如何進入意識層面的。有時候我們找不到這樣的橋樑。在這類的情況下，關於無意識自主活動的假設也就無法加以否定。另一個例子便是直覺，其存在仰賴著極其複雜的無意識歷程。基於這個的特殊性，我將直覺定義為「透過無意識的感知」（perception via the unconscious）。

〔505〕正常的情況下，無意識與意識是合作且沒有摩擦與紛擾的，所以人們不會察覺到它的存在。然而，當個體或社會團體過度偏離自己本能的基礎，他們便會體驗到無意識力量所產生的全面影響。無意識的協力合作既聰慧又具有目的，即便在與意識對峙時，還是仍以明智的方式表達以做補償，彷彿是試圖要恢復失去的平衡。

〔506〕有些夢境與靈視（visions）是如此令人印象深刻，讓有些人會拒絕承認它們可能來自於無意識的心靈。他們寧願認為這種現象源自於某種「超意識」（superconsciousness）。某些人在所謂類生理的或本能的無意識之外，區分出位居意識「之上」的心靈領域或層次，並且冠上「超意識」的稱呼。事實上，這種在印度哲學裡被稱為「高等」意識的心靈，對應的正是我們西方所謂的「無意識」。而某些夢境、靈視與神祕經驗裡，的確暗示著無意識中存在著某種意識。但如果我們預設無意識中有意識存在，我們立刻面臨了意識的存在預設了主體之存在的這一難題，亦即，與意識內容物相關聯的那個自我必定是存在的。意識需要一個中心，一個能對事物產生意識的自我。我們不知道是否有其他種類的意識存在，我們也無法想像一個沒有自我的意識存在。意識在缺乏一個可道出：

「我具有意識。」的主體時，是不可能存在的。

〔507〕對我們不了解的事任意猜測，是無濟於事的。所以我避免提出超越科學範疇的主張。我從沒能夠在無意識之中發現與自我類似的人格特性。不過，雖然沒發現「第二自我」（"second ego"）（除了在少見的雙重人格案例中），無意識的顯現至少是出現了人格特質跡象（traces of personalities）。夢便是一個簡單的例子，許多真實與想像的人物在夢境中再現了夢裡的思維。幾乎在所有重要的解離類型裡，無意識的表現皆驚人地極具個人形式。但如果對這些人格化的行為與心靈產物進行詳盡的檢視，就可以顯示出其殘缺不全的性質。這些似乎代表著從更大的整體所分裂出來的情結，和作為無意識的人格中心則恰好是完全相反的東西。

〔508〕這些解離的片段，所表現出來像人格一樣的特質，常令我驚艷不已。因此我經常自問，或許我們有理由認定，如果這些斷片具有人格特質，那它們所斷裂自的那個更大的整體，必然具有更高層次的人格特質。這樣的推理似乎合理，因為斷片的大小不影響此結論。既然如此，難道整體不也該具有人格特質？人格特質不必然暗示意識。它極可能是一種蟄伏中或做夢的狀態。

〔509〕即使有著一些智力與目的性的特徵，無意識所顯現的主要形式仍然是混亂與非理性的。無意識產生了種種的夢境、靈視、幻想、情緒，與怪誕念頭等。這完全符合我們對做夢中人格（dreaming personality）的預期。那是一種性格，從未曾清醒過、也從不曾意識到自己所活過且持續存在的人生。唯一的問題是，關於蟄伏與隱藏性人格的這個假設是否可能。很有可能我們在無意識裡能找到的人格，都涵容在前面所提及的碎片般的人格化（personifications）當中了。既然這是很有可能的，那麼我的所有

猜想都將是徒勞的——除非有證據表明，即便是隱藏的，但它們的人格卻不那麼片段，而且更加完整。

〔510〕我確信這樣的證據確實存在。遺憾的是，用來證明這點的素材與心理分析（psychological analysis）的精微洞察相關。因此要給讀者一個簡單又能信服的概念並不容易。

〔511〕我將以一個簡短聲明起頭：在每個男性的無意識之中，都隱藏著一個雌性人格；而隱身於每位女性無意識中的，則是雄性人格。

〔512〕正如眾所周知的事實，性別是由男性或女性基因的多數所決定的。但另一半少數的性別基因並未就此消失。因此男性的內在具有女性的一面，一個無意識的雌性角色——這是他通常不會覺察的事實。我就當作大家都知道我稱這種人格為「阿妮瑪」（anima），在女性內與之相對應的則為「阿尼姆斯」（animus）。為了不在此重複我已討論過的，請讀者自行參照文獻。[10] 這個角色常在夢裡出現，大家可以從中觀察到所有我過往出版作品裡提及的所有特徵。

〔513〕另一個同樣重要且定義清晰的角色是「陰影」（shadow）。跟阿妮瑪一樣，陰影或者以投射的方式在合適的對象身上出現，或者在夢中被人格化。陰影與「個人的」無意識相吻合（這和佛洛伊德的無意識概念是相呼應的）。就如阿妮瑪，陰影的角色也常被詩人與作家描繪，我將以浮士德—梅菲斯托費

10　《心理類型》（*Psychological Types*），定義 48；〈自我與無意識的關係〉（The Relations between the Ego and the Unconscious），段落 296 起；《心理學與鍊金術》（*Psychology and Alchemy*），第二部分。亦請參照本書 * 第三篇論文。
譯註：* 本書係指《榮格全集》第九卷。

勒斯（Faust-Mephistopheles）[11] 關係，以及 E. T. A. 霍夫曼（E. T. A. Hoffmann）撰寫之《惡魔靈藥》（*The Devil's Elixir*），[12] 作為兩種典型的描述。陰影代表主體對自己拒絕承認的一切，卻又總是直接或間接地強加於他身上——例如，劣勢的性格特質與其他不相容的傾向。[13]

〔514〕由於無意識會自發地將一些帶情感色彩的內容在夢中人格化，這是我將這些人格化納入我的術語中並以之定名的原因。

〔515〕除了這些角色，還有其他一些較少見、較不那麼驚人的，但也都同樣出現過詩歌與神話的表達。例如，我會提及其中兩個較為人知的英雄[14]與智慧老人[15]的意象。

〔516〕一旦意識陷入病灶，這些角色就會全部自動爆發出來。針對阿妮瑪，我想特別提內爾肯（Nelken）所描述的案例。[16] 最值得注意的是，這些意象都與詩歌、宗教或神話中所表達的，有

11 　譯註：浮士德為十六世紀流傳於德國、根據名為約翰‧葛奧格‧浮士德的學者為主角靈感的傳說；梅菲斯托飛列斯為其中的惡魔角色，傳說圍繞著學者浮士德與惡魔梅菲斯托飛列斯打交道，出賣靈魂給惡魔成為其代言人。改寫此傳說最著名的，一為十六世紀末、與莎士比亞同代的英國劇作家克利斯多夫‧馬洛（Christopher Marlowe）的劇作《浮士德博士》（*Doctor Faustus*）；另一為十八世紀末至十九世紀初的德國文學家歌德（Johann Wolfgang von Goethe）之劇作《浮士德》（*Faust*）。

12 　譯註：恩斯特‧提奧多‧阿瑪多斯‧霍夫曼（E. T. A. Hoffmann），十八世紀末、十九世紀初的德國浪漫主義作家、作曲家與藝術家，擅長撰寫奇幻與哥德式恐怖小說。《惡魔靈藥》為霍夫曼 1815 年之小說，內容以主角——方濟會修士——梅達杜斯（Medardus）第一人稱寫就：梅達杜斯因受不了誘惑而飲下他為魔鬼保管的靈藥後，在不知情下，將與他實為血緣兄弟與姊妹的公爵及其情婦推下魔鬼的坐椅。故事從其兄弟成為他的邪惡分身致使他流浪人間而展開。

13 　東尼‧沃爾芙（Toni Wolff），〈情結心理學基礎簡介〉（Einführung in die Grundlagen der Komplexen Psychologie），頁 107。【另見《伊雍》（*Aion*），第二章——英譯編者按。】

14 　《轉化的象徵》（*Symbols of Transformation*），第二部。

15 　參見本書（即榮格全集第九卷第一部）上一篇〈童話裡的精神現象學〉（The Phenomenology of the Spirit in Fairytales）。

16 　見註釋 5。

著驚人的相關性，儘管彼此實際上並無任何關聯。也就是說，它們是類似的自發產物。其中一個例子甚至導致抄襲的指控：法國作家班諾瓦（Benoît）在他的小說《亞特蘭提斯》（*L'Atlantide*）中描述了經典的阿妮瑪神話，內容與瑞德・哈格德（Rider Haggard）的小說《她》（*She*）不謀而合。這場官司最後不了了之；班諾瓦從來沒聽說過《她》（但終究這很難排除是與潛抑記憶造成的記憶誤差有關）。阿妮瑪鮮明的「歷史感」，以及她成為姊妹、妻子、母親和女兒等意象的濃縮，再加上與之相關聯的亂倫母題，皆可在歌德作品中找到（「曾經，妳是我的妻子或姊妹」），[17] 也出現在煉金術裡的阿妮瑪意象——皇后（*regina*）或白色女性（*femina alba*）。英國煉金術士艾倫奈烏斯・費拉雷特斯（Eirenaeus Philalethes）（「真理的愛好者」）在 1645 年的著作中論道，「皇后」曾是國王的「姊妹、母親或妻子」。[18] 同樣的想法，可在內爾肯病人身上和我觀察過的一系列案例裡，看到精心雕琢的鋪陳，但我確認過這些案例沒有受任何文學影響的可能性。此外，阿妮瑪情結是拉丁煉金術裡最古老的特性之一。

〔517〕一旦借助病人的夢境、幻想與幻覺來研究人格原型及其行為，[19] 我們將對它們與神話之間不為一般人所知的多樣且密切的關聯，感到歎為觀止。它們自成一格的存在，讓人不禁想賦予它們意識自我；而它們也幾乎像有此能力。這些想法並非沒有事實根

---

17 【作品集第二卷，頁 43，無題詩（「為何你神情深邃的看著我們」〔Warum gabst du uns die tiefen Blicke〕）──英譯編者按。】

18 《雷普利復興》（*Ripley Reviv'd*）；或《對喬治・雷普利爵士有關赫密士 - 詩意作品集的闡釋》（*An Exposition upon Sir George Ripley's Hermetico-Poetical Works*〔1678〕），於 1741 年譯為成德文，歌德可能知道該作品。

19 此方法的例子，可參照《心理學與煉金術》，第二部分。

據。它們的行為中，並未顯示任何與我們所了解的意識自我相關的跡象。相反的，它們所顯現的，都是殘缺不全的人格特徵。它們輕易地可以面具或幽靈的模樣存在，不會自省，無內在衝突與懷疑，沒有苦痛；或許，就像《相應部》（*Samyutta-nikāya*）裡沒有哲理的梵天神祇們一樣，需要佛陀來糾正其錯誤觀點。與其他經驗內容不同的是，它們始終是意識世界裡的陌生人，不受歡迎的侵入者，讓周遭瀰漫著不祥的預感或是對瘋狂的恐懼。

〔518〕若檢視它們的內涵，也就是檢視形成這些現象的幻想素材，我們會發現它們具有原型特質的無數古老的及「歷史」的關聯與意象。[20] 這個特有的事實，讓我們能對阿妮瑪和阿尼姆斯在心靈結構中的「定位」（localization）得出結論。很明顯地，它們在無意識深處的層面上活躍與運作，特別是在我稱之為集體無意識（collective unconscious）的物種演化系統的基底上。這個定位在相當程度上對它們的奇特性有了解釋：它們將來自遠古而未知的心靈生命，帶入了我們短暫的意識生命中。那是屬於我們未知先祖們的心靈，他們思維與感受的方式，他們對生命與世界、神祇與人類的體驗。這些古老基底的存在，想必就是人類的輪迴信仰與對「前世」（previous existences）記憶的根源。可以說，人體有如一座博物館，承載著其物種發展的歷史，心靈也是如此。我們沒有理由斷定，心靈這個特定的結構，除了在個體上的表現外，是這世上唯一沒有歷史的東西。即便意識心智也不能否認這個可以回溯至少五千年的歷史。只有我們的意識自我才擁有新的開始與早期的結束。無

20　在我寫的《轉化的象徵》（*Symbols of Transformation*）中，我舉了一個具「女英雄故事」（herostory）狀況的年輕女性案例，亦即對阿尼姆斯的奇想所產生的豐富神話內容。哈格德、班諾瓦，還有歌德（在《浮士德》中），全都強調過阿妮瑪的歷史性特徵。

意識心靈不僅古老，還能發展出同樣悠久的未來。它塑造了人類這個物種，就像人體一樣是人類的一部分，雖然對個體而言是短暫的，但對集體而言卻是永恆的。

〔519〕阿妮瑪與阿尼姆斯是存在於一個與外界極不同的世界中——那是一個時間的脈動無限緩慢的世界，個體的生死在此無足輕重。難怪它們本性奇特，奇特到一旦它們闖入意識世界時，經常引發精神病。毫無疑問地，它們屬於精神分裂症中出現的材料。

〔520〕希望前面我對集體無意識的說明，能夠讓大家對我這詞的使用多少有所認識。現在，我們如果回到個體化的這個問題上，就會發現自己面臨著相當不尋常的任務：心靈是由彼此矛盾但可以合為整體的兩半部所形成的。人們可能認為意識自我能夠將無意識同化進來，或至少希望這種解法是可能的。不幸的是，無意識本身的確是沒有意識的；換句話說，它是無法可知的。那麼，要如何同化一個你完全不認識的東西？即使你能就阿妮瑪與阿尼姆斯勾勒出相當圓滿的圖像，這並不代表你已窮盡了無意識的深度。人們希望能控制無意識，但過往精通自制之道的瑜珈大師們，在達到完美的三昧（samadhi）[21] 這種神我合一狀態時，就我們所知，基本上是等同於無意識狀態的。即使他們稱我們所謂的無意識為「普遍意識」（universal consciousness），也不會改變在他們例子裡的意識自我被無意識所吞噬這事實。他們沒認知到「普遍意識」這個名字本

21　譯註：三昧（samadhi）又譯為三摩地，出自印度哲人帕坦伽利（Patanjali）編纂的經典《瑜伽經》，為書中著名的「八支瑜伽」（Ashtanga；直譯為八肢瑜珈）修行方法之最後亦為最高之境界。以最粗略的方式說，當瑜珈行者的禪觀不藉由任何聯想記憶、假設或想像等意識自我與心念，達到心有如虛空靜止，身體與觀想活動亦無感覺，直趨所觀對象與之合一，此時便進入神我境界。當神我安住於其自體本質之中，便是真正清淨、純粹與解脫，是自在穩定與純粹智慧。

身便是矛盾的，因為排除、選擇與區分是與「意識」相關一切的根本。邏輯上，「普遍意識」便是無意識。然而，確實依照巴利藏經（*Pāli Canon*）或《瑜伽經》（*Yoga-sūtra*）所描述的方法去實踐，的確會導致意識大幅的延展。但隨著範圍的擴展，意識內容的細節也逐漸失去清晰度。意識最終成為包羅一切但模糊的星團；無盡的事物結合為一個遼闊無邊的整體，主體和客體幾乎全然相同的狀態。儘管美好，這種說法卻不可能在北回歸線以北被提倡。[22]

〔521〕基於此，我們得另找方法。我們歐洲人相信意識自我與我們所稱的現實之存在。北方氛圍所給我們的具體與實際感，讓我們不想放下這些想法。而關注現實，對我們來說很合理。所以，歐洲人的意識自我傾向把無意識給吞掉，若做不到我們也會想辦法壓制它。但我們若對無意識有任何了解，便知道它是無法被吞噬消滅的。我們也知道壓抑它是危險的，因為無意識便是生命，一旦遭到壓制，這個生命會回頭反擊，就像精神官能症患者身上所發生的一樣。

〔522〕當意識與無意識其中一方被另一方壓抑或傷害，它們便無法成為一整體。若彼此要競爭，那至少讓雙方在權力平等之下公平競賽。兩者皆屬生命的面向。意識需要捍衛其理性與自衛，而無意識混沌的生命也需要有伸展的機會——在我們能承受的限度內得以盡情發揮。這意謂一場公開的既衝突又合作之模式。顯然，人生本應如此。這是錘子與鐵砧的老把戲了：耐心的鐵在兩者間被鍛造為堅不可摧的整體，一個「個體」。

〔523〕這便是我所謂的個體化歷程的大略。顧名思義，這

22　譯註：榮格在此意指北回歸線所未經過的歐洲大陸。

是從兩個基本的心靈事實彼此間的衝突所發展出的一段歷程。我在〈自我與無意識的關係〉（The Relations between the Ego and the Unconscious）中，針對這兩個基礎心靈事實的衝突問題，至少就其根本有所描述。但一個特別的章節，則是關於這個歷程的象徵意義，在實務與理論上，這個章節對於了解意識與無意識在歷程最終階段的相遇最為重要。過去幾年來我便致力這方面的考察。結果讓我大為驚訝：這個象徵的結構與煉金術的想法有密切關聯，尤其是和「統合象徵」（uniting symbol）[23] 這概念具高度的相似性。自然地，這些歷程在心理治療的初期階段不具意義。但另一方面，在像是無法化解的移情這類困難的案例身上，則會發展出這些象徵。能具備這些歷程的知識，對治療這類案例至為寶貴，特別是對教育程度較高的患者。

〔524〕意識與無意識的素材彼此如何調和，無法以配方來表示。這是一個以明確象徵符號來表達自己的非理性之生命歷程。分析師的任務便是陪在一旁，盡其所能給予協助。在這種狀況下，象徵的知識是必需的，因為意識與無意識的統合，是在象徵形式中完成。從這個結合中湧現出的，是新的局面與嶄新的意識態度。我因此稱這種對立面的結合為「超越功能」（transcendent function）。[24] 這種將人格轉變成圓滿的歷程，應該是任何心理治療的目標，而不僅是治癒症狀的。

23　【《心理類型》，定義 51 以及第 5 章，第 3 節。在《榮格全集》的英譯本中，以「統合象徵」（uniting symbol）這術語取代過去的「調和象徵」（reconciling symbol）翻譯。──英譯編者按。】

24　【參見〈超越功能〉。──英譯編者按。】

個體化歷程研究 [1]

道之為物，唯恍唯惚。

忽兮恍兮，其中有象；

恍兮忽兮，其中有物。

窈兮冥兮，其中有精；

其精甚真，其中有信。

自古及今，其名不去，以閱眾甫。

吾何以知眾甫之狀哉？

以此。

──老子，《道德經》，第二十一章

1　【本文出自《無意識的構成》（*Gestaltungen des Unbewussten*, Zurich, 1950）書中之〈個體化歷程實證研究〉（Zur Empirie des Individuationsprozesses）。根據榮格於該書中的註釋，這是他就原發表於《艾拉諾斯 1933 年鑑》（*Eranos-Jahrbuch 1933*, 1934）的同名講稿進行「通盤修正與擴充」後的版本。最初版本收錄於史丹利・戴爾所翻譯的《人格的整合》（New York, 1939; London, 1940）論文集。──英譯編者按。】

（全文：孔德之容，惟道是從。道之為物，惟恍惟惚。惚兮恍兮，其中有象；恍兮惚兮，其中有物。窈兮冥兮，其中有精；其精甚真。其中有信。自今及古，其名不去，以閱眾甫。吾何以知眾甫之狀哉！以此。）

白話直譯：大德的形態，是隨著「道」轉移的。道這個東西，是恍恍惚惚的。那樣的惚惚恍恍，其中卻有形象。那樣的惚惚恍恍，其中卻有實物。它是那樣的深遠黯昧，其中卻有精質。這精質是非常實在的，其中有信驗可憑。從現在上溯到遠古，它的名字永遠不會消失，依據它才能觀察認識萬物的起始。我怎麼知道萬物起始的情形呢？是從道開始認識的。）

引言

〔525〕二十世紀的二〇年代，我在美國認識了一位學養豐富的女性，我們且稱她為 X 小姐。[2] 她研究心理學已有九年，也讀遍這領域相關的最新研究。1928 年，她五十五歲時，為了在我的指導下持續她的研究，她來到歐洲。在卓越父親的影響下，她興趣廣泛、深具文化素養，且才華洋溢。她未婚，但可以說她與她無意識裡的阿尼姆斯互相為伴。這點在高學歷的女性身上很常見，屬於父女情結中正向關係的產物：她是「爸爸的寶貝女兒」（fille à papa），也因此她與母親關係並不融洽。她內在的阿尼姆斯不是那種會導致她胡思亂想的類型。她生性聰慧與對他人意見總是毫不遲疑地寬容的態度，使她能免於這種問題。這項絕少在阿尼姆斯身上出現的優點，連同一些無可避免的困難經歷，使她意識到自己人生面臨瓶頸，得另尋途徑解決。這是促使她來到歐洲的原因之一。另一與此相關（但絕非偶然）的動機，則與她母親身為北歐後裔有關。正如她自己所清楚意識到的，她們的母女關係有很大的改善空間；她逐漸強烈地感到，若母女關係有機會改變，她個性中的陰性面向發展或許會有所不同。在決定回到歐洲的同時，她清楚知道自己是要回歸她的發源地，重新開啟與母親密切相關的那段童年

2　譯註：X 小姐本名為克莉絲汀・曼（Kristine Mann, 1873–1945），美國教育家與心理學家，為美國最早的榮格分析師之一。曼於 1921 年認識榮格，此後每年都會在瑞士待兩個月，接受榮格指導。1936 年，曼與艾莉諾・貝廷（Eleanor Bertine）、瑪麗・艾絲特・哈丁（Mary Esther Harding）共同創辦了美國第一個榮格分析心理組織——紐約分析心理俱樂部（Analytical Psychology Club of New York）。同年，曼邀請榮格到她的家鄉緬因州舉行「貝利島講座」，是榮格兩場「夢的象徵」（Dream Symbols）演講中之一場。而榮格演講中的案主，事後被證實為著名的諾貝爾物理學家沃夫岡・包立（Wolfgang Pauli）。1945 年克莉絲汀・曼去世，其所有藏書均贈與紐約分析心理俱樂部，此為「克莉絲汀・曼圖書館」的肇始。

時期。來到蘇黎世前，她先走訪了母親的故鄉丹麥。那裡的風景深深觸動她，意外地引發她畫下那些山水的強烈渴望。在此之前，她從未感到自己有任何與美感相關的傾向，也欠缺繪畫的能力。她開始嘗試以水彩作畫，並從那些樸拙的風景畫裡得到奇妙的滿足感。她告訴我，創作那些畫為她生命注入一股新氣象。到蘇黎世後她仍持續作畫的習慣。在與我初次會面的前一天，她剛好開始一幅新的繪畫，但這次是根據記憶進行。畫到一半時，突然一個幻想的意象介入她與畫之間：她看到自己下半身陷入地裡，緊緊嵌在一塊岩石中。周遭是海灘，被海水沖刷過的渾圓巨石散佈其上。背後就是海。動彈不得而無助的她，突然看見一身中世紀巫師裝扮的我，便大聲向我呼救。我走過去用手中魔杖點了一下石頭，石頭立即炸開，她毫髮無傷地走出來。她因此中斷了原先那幅風景，而改畫下這個幻想意象，隔天就帶著這張畫來見我。

圖一（1928 年 10 月）

彩色圖片請見 P. 233

〔526〕她跟一般無繪畫基礎的初學者一樣，吃了許多苦頭終於完成這幅畫。在這類情形下，無意識反而能輕易將潛在意象滲入

畫作中。這使得畫面裡的巨石與實際樣貌不同，而變成意想不到的形狀。有些石頭看起來像是對切的水煮蛋，中間有個蛋黃一樣的形狀。其他的看起來像是金字塔，而 X 小姐便卡在其中一塊石頭中。她的頭髮被風吹到腦後，同時海上波濤洶湧，顯示海風強勁。

〔527〕這幅畫呈現的是她受困的狀態，而非脫困的情景。而困住她的大地便是母土（motherland）[3]。從心理學的角度來看，這意謂她陷入無意識中。失和的母女關係在她身上留下亟需修補的陰影。她的心被母親的故鄉山水所擄獲，並企圖以繪畫表達這股強烈感受，這說明了她有一半還困在大地之母（Mother Earth）中：亦即，她內在仍有一半認同母親與之相連，而那裡面便包含一切她想知道、卻不曾探索過的與母親有關的祕密。

〔528〕由於 X 小姐憑一己之力便發現我長期所採用的積極想像（active imagination）這方法，這讓我得以直接點出她畫裡的重點：困在無意識中的她，期望我像巫師一樣施展魔法，好讓她解脫。心理學的專業素養已使她非常熟悉可能的解釋，帶來解放的巫師魔杖所蘊含的暗示（*sous-entendu*）則更不需特地挑明。對一般人來說，認識到這其中的性象徵可謂意義重大，對她卻非新發現。她所知遠超過這些，就算這些解釋用在別的地方是對的，對她的例子卻不具意義。她想知道的不是**一般**意義的解脫（liberation）是如何可能的，而是要如何以及用什麼方法才能讓**她個人**獲得解脫。對於這點，我和她一樣所知甚少。但我知道，每個人適用的解決方式，只能以無法預先得知的個別方式來出現。我們無法編造一套制式的解決方法，因為這種知識的根據僅僅是大眾的一般經驗，而用在個

3　譯註：motherland 一般譯為「祖國」。有鑑於 X 小姐的案例剛好是回歸她「母親」的祖國，為了點出這層意義，故在本篇中皆直譯為「母土」。

別的人身上可能完全不適用，甚至大錯特錯，更遑論預知解法。加上 X 小姐已屆熟齡，懂的又跟醫師一樣多，我們最好一開始就拋開任何既成、泛泛的解決方案。長久以來的經驗告訴我，別刻意想要預知太多、太詳盡，只需跟隨無意識的帶領。我們的本能已安然度過人生各階段無數的歷練，可以說促成轉化的歷程早在無意識中預備好了，只等著被釋放出來。

〔529〕從她先前的例子，我已看到無意識如何藉由她所不擅長的繪畫暗示其建議。我也沒忽略那些原本應是渾圓的巨石，在畫裡被偷偷地變成了**蛋**。蛋是生命的胚胎，具崇高的象徵意義。它不僅象徵宇宙起源，還具「哲學上的」意義。作為前者，它是奧祕的宇宙蛋（Orphic egg）[4]，世界的元始。作為後者，則是中世紀自然哲學家的哲人蛋（philosophical egg）——煉金燒瓶；在煉金功業（*opus alchymicum*）[5] 的最終階段，自哲人蛋裡誕生的生命體（homunculus），便是靈性的、內在的與圓滿的第一人安索波斯（Anthropos），[6] 也是中國煉丹術裡的**真人**（*chen-yen*）（亦即「完人」）。[7]

4　譯註：宇宙蛋為希臘時象徵創造力與生命的象徵符號。其形象常以一隻被蛇環繞的蛋的圖像出現。

5　譯註：opus alchymicum，常簡稱為 work（opus = work），為煉金術提煉低階金屬至珍貴金屬的轉化歷程。早期煉金術有四個主要的轉化階段：（1）黑化（nigredo），（2）白化（albedo），（3）黃化（citrinitas），以及（4）紅化（rubedo）。十五世紀之後黃化歷程較少被提及，乃至被納入紅化階段。因此，最後只剩下三個主要轉化歷程。

6　譯註：Anthropos 出自希臘文 άνθρωπος，原意指人（man）。在諾斯替教派（Gnosticism；又稱靈知主義）中意謂「第一個人類」，亦即人的原型。在希臘版舊約與新約聖經中也用來指稱「人子」（Son of Man）或「亞當之子」（Son of Adam）。因此在煉金術、基督宗教與諾斯替教派的哲學觀裡，皆象徵原初、完滿的人的原型。在此譯為「第一人」：一方面表達「原初」之意，另一方面表達完滿的最高境界。

7　見《心理學與煉金術》（*Psychology and Alchemy*），段落 138、306，及魏伯陽所著之《參同契》。

〔530〕從這個線索，我看出無意識提供的解決方法便是個體化（individuation）；因為這是脫離對無意識依附的轉化歷程。這才是真正的解決之道，其他的方式都只是暫時與輔助的權宜之計。體認到這點，使我要求自己行事需格外謹慎。因此我建議 X 小姐別讓解脫的行為只停在幻想意象的層次，而是把它具體畫出。我無法預料接下來的結果會如何，但這比起為了幫上忙而指點她往錯的方向去要好得多。她發現由於繪畫技能上的侷限，這目標顯然是困難重重。我勸她不必著眼於技巧，只需盡量運用她的幻想以避開技術上的挑戰。這個建議的目的，是為了盡可能地引幻想入畫，以便有最佳機會讓無意識揭露它要傳達的。我也建議她大膽地使用明亮色彩：經驗告訴我，無意識受鮮豔色調所吸引。一個新的圖畫就此誕生。

圖二（1928 年 10 月）

彩色圖片請見 P. 234

〔531〕巨石、圓形與尖狀物再度出現；但圓狀物不再是蛋，而是完整的圓，尖銳物頂端則發出金色光芒。其中一個圓狀物被一道金色閃電炸離原位。巫師與魔杖不見了。與我的關聯也消失了：

榮格與 X 小姐的曼陀羅：個體化歷程研究

這張圖展現了不近人情的自然。

〔532〕在創作這幅畫的過程中，X 小姐有許多新的發現。首先，在畫之前，她對於要畫什麼並無頭緒，只試圖重新想像最初情景；佈滿岩石的海岸與大海證實了這點。然而，蛋成了抽象球狀物或圓，魔法師的點觸則成了一道劃開她無意識狀態的閃電。透過這個轉換，她重新發現了哲人蛋在歷史上的同義詞，也就是 *rotundum*，安索波斯圓型的原初形式（或是如佐西莫斯〔Zosimos〕[8] 所稱的「圓元素」〔round element; στοιχάεῖον στρογγυ'λον〕）。這是自遠古來便與安索波斯相連結的概念。[9] 在此傳統下，據說靈魂也是渾圓的。如海斯特巴赫的修士（Caesarius of Heisterbach 或 Monk of Heisterbach, 1180-1240）所說，靈魂「不僅長相為月亮般的球體，且**表面鑲滿眼睛**（*ex omni parte oculata*）」。我們之後會再回到這個有關全視野的多眼（polyophthalmia）母題。此修士的說法指的極可能是超心靈現象，這和世界其他文化視「發光球體」（globes of light）或球狀的光芒為靈魂的象徵，有著驚人的一致性。[10]

〔533〕閃電瞬間爆發的解放，也是帕拉賽瑟斯（Paracelsus）[11]

---

8 譯註：佐西莫斯，希臘裔埃及煉金術士與諾斯替派神祕論者，活躍於西元第三世紀末至第四世紀初。他撰寫並流傳目前已知最早的煉金術書籍。佐西莫斯提供了最早有關煉金術定義之一種，謂其研究「水的組成、運動、體現與分離，自身體萃取靈魂並將靈魂融合入身體內。」（Paul Strathern , *Mendeleyev's Dream: The Quest for the Elements*, 2001）

9 見《心理學與煉金術》，段落 109，註釋 38。

10 海斯特巴赫的西塞流斯（Caesarius of Heisterbach），《關於奇蹟的對話》（*The Dialogue on Miracles*, trans. by Scott and Bland, Dist. IV, c. xxxiv〔p. 231〕and Dist. I, c. xxxii〔p. 42〕）：「他的靈魂有如玻璃球罐，前後都長有眼睛」。相關例子亦搜集於厄尼斯多·波札諾（Ernesto Bozzano, 1862-1943）所著之《原始人與超自然現象證見》（*Popoli primitivi e Manifestazioni supernormali*, 1941）。

11 參見我的〈帕拉賽瑟斯 * 作為一種精神現象〉（Paracelsus as a Spiritual Phenomenon）段落

等煉金術士們常用的象徵。摩西劈開岩石的手杖，先是激出活水，後又變成一條蛇，可能是來自心靈深處的無意識發出的迴響。[12] 閃電象徵心靈狀態遭遇突如其來壓倒性的劇變。[13]

〔534〕「閃電火花的精神蘊含偉大無窮的生命力量」，雅各・波墨（Jakob Böhme）[14] 說：「因為當你從石頭**尖銳**處敲擊，

190。生於凱林山洞穴的赫密士（Hermès Kyllenios）** 是靈魂召喚者。他的雙蛇杖與陽具相呼應。見希坡律圖（Hippolytus）所著的《反詰辯》（Elenchos）第五卷，第 7 章，第 30 頁。
譯註：＊帕拉賽瑟斯（Paracelsus, 1493-1541），瑞士醫師與煉金術士。
**Hermès 為希臘神話中宙斯之子的名字，擔任神與人世間的信使，並為人間亡靈進入冥府的引靈者。由於他同時被祕儀與煉金術尊為宗師，因此在此中譯為「赫密士」。

12　同樣的關聯亦見於《反詰辯》，第五卷，第 16 章，頁 8：蛇＝摩西的手杖。

13　路蘭特（Ruland）在《煉金字典》（Lexicon, 1612）提及「滑入另一個世界的靈魂」。在玫瑰十字會（Rosencreutz）的《化學婚配》（Chymical Wedding）中，皇室配偶一經閃電觸及便活了過來。在〈巴路克之敘利亞啟示錄〉（Syrian Apocalypse of Baruch）（《舊約之偽典與經外書》〔Apocrypha〕，第二卷，第 510 頁，查爾斯編纂）中，救世主以閃電的形象出現。希坡律圖在《反詰辯》（第八卷，第 10 章，第 3 頁）中說道，就幻影論者（Docetists）* 立場，唯一上帝（Monogenes）** 彷彿把「力道極端的閃電火光注入一極微的身軀中」〔因為自神所流溢的靈體溢蔭（Aeons，又譯伊雍）*** 無法承受永恆圓滿的**普蕾若麻**（Pleroma）耀眼的光芒〕，或者有如「眼瞼下的光芒」。神以此形式透過瑪麗亞進入人世（第八卷，第 10 章，頁 5）。拉克坦提由斯（Lactantius）在《作品集》（Works，弗萊徹〔Fletcher〕譯，第一卷，頁 470）中說道：「……上帝降臨人世的光芒可能以閃電的方式顯化」。這指的便是《路加福音》17:24：「……就如閃電的光芒照亮一切……人子降臨那天亦將如是」。同樣說法亦見於《撒迦利亞書》9:14：「而耶和華上帝……他的箭射出必如閃電」。
譯註：＊幻影論者認為基督不具肉身，其軀體只是幻象。
** Monogenes 為諾斯替教派用以形容獨一無二的、絕對的上帝。
***Aeon（溢蔭，又譯伊雍）在諾斯替傳統裡象徵萬能的神性，原為非物質的存在，故在此中譯為「靈體」。第一個溢蔭為上帝，是萬物最終秩序與精神來源。其餘的溢蔭皆流溢自上帝，形成萬物精神的層級系統。因此，越是位於下層的溢蔭，越接近物質世界，亦即黑暗面。

14　《關於靈魂四十問》（Forty Questions concerning the Soule〔Works, ed. Ward and Langcake, II, p. 17〕）。
譯註：雅各・波墨（1575-1624），德國哲學家、基督教神祕主義者與路德教派神學家，被其同輩人讚譽為一原創的思想家，其思想影響之後的德國觀念論。黑格爾（Hegel）在其《哲學史演講錄》（Lectures on the Philosophy of History）第一篇中便提及波墨，稱其為第一位真正德國精神的哲學家：「他的基本理念便是建立一個能整合萬物的絕對統合體，因為他企圖論證絕對的神聖一體以及一切對立面都在上帝之內被融合統一。」

大自然的苦刺便被極度鑽擾，磨利了自身。由於自然在這尖苛的試煉下被消解或**支離破碎**，使**自由的光芒如閃電閃耀**。」[15] 閃電意謂「**光的誕生**」。[16] 它充滿轉化的力量：「如果我能以肉身之軀領悟閃光（我很清楚這是怎麼一回事），我便能借此淨化或轉化我的肉身，使之充滿光芒。而它也將不再等同獸身被其所侷限，而與上帝的天使們同歸屬。」[17] 在別處波墨也說道：「當生命的火花自神聖力量的中心出現，上帝的神靈們都因此獲得生命，興高采烈。」[18] 他說，「精神泉源」（Source-spirit）**墨丘利**（*Mercurius*）[19] 是「自閃電火光中竄出」。墨丘利源自惡魔**路西法**（*Lucifer*）[20] 身體內的「**動物精神**」（animal spirit），以**熾燄火蛇**（*fiery serpent*）[21] 之姿衝進上帝的硝鹽（Salniter）裡，[22] 猶如一道霹靂閃電劈開上帝創

15　《窮究人的三重生命》（*The High and Deep Searching of the Threefold Life*〔*Works*, II〕）。

16　《曙光》（*Aurora*〔*Works*, I〕），第十卷，第 17 章，頁 84。

17　同上，第十卷，第 38 章，頁 86。

18　同上，第十卷，第 53 章，頁 87。

19　譯註：墨丘利（Mercurius）為水星，亦為羅馬神話中與希臘神話赫密士（Hermès）相對應的神祇。又其特質為流動與溝通，因此煉金術基礎的化學元素水銀便以其命名。榮格在《心理學與煉金術》裡說道：「赫密士或墨丘利的雙重特質在於他既與冥界相關（譯按：引靈神），又代表水銀的流動多變精神（spirit），而後者使其在煉金的視覺意象上，經常被表現為生理上的雌雄同體（hermaphrodite）。……在煉金術神祇的位階系統裡，墨丘利既代表煉金功業最初階的**原初物質**（*prima materia*），也代表煉金終極目標的**哲人石**（*lapis philosophorum*）。可以說墨丘利作為物質所具備的溶解與侵蝕性，使其在煉金歷程裡與它的對象一同消蝕；又因其屬性裡的多變與動態能量，能融合自我對立面，昇華為「哲學上的**宇宙精神**」（*spiritus vitae*）。

20　譯註：路西法（Lucifer）原意為晨星，亦即金星，並因其為晨間最亮一顆星而被稱為「光之使者」（light-bringer）。基督宗教後來則將路西法與撒旦關聯，視其為光明在墮落前的名字。

21　譯註：榮格在此處以加強語氣強調 *fiery serpent*，指的應是諾斯替教派與聖經皆出現過的 Seraph/Seraphim；原意為燃燒的飛蛇，古代有時稱為火龍，與地獄同義；在聖經中《以賽亞書》則將之昇級成為護衛上帝御駕的六翼烈焰天使，為天使列中最強而有力者，全身長滿眼睛。

22　硝鹽（Salniter）＝ 鹽狀硝石（sal nitri）＝ 硝酸鉀（Saltpetre）*；鹽狀，**原初材料**（*prima*

造的自然，或像一條噴火龍在大自然中暴戾肆虐，欲將之撕成碎片。[23] 獸身之軀對於「最深處的**靈魂之誕生**僅得驚鴻一瞥，彷彿乍現的閃光。」[24]「**神性誕生**（*divine Birth*）的輝煌在我們之內有如閃電般短暫停留；所以我們的知識是殘缺的，而上帝內在的光芒則永恆不變。」[25]（見圖例 1）

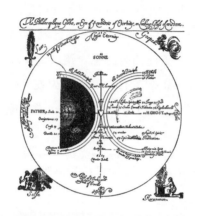

圖例 1：雅各‧波墨《關於靈魂四十問》（1620）中的曼陀羅。

本圖片選自 1647 年的英文版。四元一體由**聖父**（*Father*）、**聖靈**（*H. Ghost*）、**太陽**（*Sonne*）與**地球／大地**（*Earth*）或**世人**（*Early Man*）組成。特別之處在於，其中兩個半圓背對彼此而非合成一個圓。

---

materia）。見波墨《神聖本質的三個原理》（*Three Principles of the Divine Essence*〔*Works*, I〕），卷一，第 9 章，頁 10。

譯註：＊硝酸鉀為製造火藥的主要原料，中世紀起亦被用做防腐劑。在此火蛇或火龍皆指墨丘利的多變屬性。榮格在《心理學與煉金術》提及此象徵：「作為煉金最初與低階的原初物質，墨丘利以乖戾火龍意象出現；作為煉金功業最高形式則轉化為浴火鳳凰」。應是這個轉化結果，使墨丘利成為波墨文中所稱的「精神泉源」。

23　《曙光》，第十五卷，第 84 章，頁 154。這裡的閃電不是上帝意志的顯化，而代表邪惡的轉向。閃電也是魔鬼的化身（《路加福音》10:18）

24　同上。第十九卷，第 19 章，頁 185。

25　同上。第十一卷，第 10 章，頁 93。

〔535〕在此，我想提一下波墨也同時將閃電與其他東西互相關聯起來。那就是在 X 小姐接下來的曼陀羅（mandala）圖中扮演重要角色的**四元一體**（*quaternity*）系統。當閃電或光被四項「屬性」（Qualities）或「精神」（Spirits）[26] 擄獲而力道減緩，「它便在四者**之間或其中心處以愛心**[27]的形式安頓。當位於中間或中心地帶的光照耀四精神，四精神的力量便在光明中升起而獲得生命，並熱愛光；亦即他們吸納了光，並使自己**盈滿**光。」[28]「自四精神的力量中誕生的閃電或**木杖**[29]，或髓，或愛心，始終位處於中心，這便是**人子**（*Son*）。……這是真正的**聖靈**（*Holy Ghost*），也是我輩基督徒們敬愛的神靈的第三位格（the third Person）。」[30] 在別處波墨則說：「當閃電火花觸及黑暗物質，[31] 恐怖的事發生了，冷卻的火花在驚懼中怕自己就此毀滅而退卻，變得無力而向內萎縮……但如今，閃電……在通曉所有元素屬性後，於其上昇時形成一十字架[32]；這是自本質中產生的精神，其代表符號為 ⊖。如果你懂便無需再追問；這符號代表永恆與時間、愛與恨中的上帝、天堂與地獄。符號的下半部 ◡ 是第一原理（the First Principle），代表處在憤怒中的永恆自然（Eternal Nature），亦即被困於自身的黑暗國度

26　波墨認為這四種「屬性」不僅對應元素（譯註：土、水、氣、火），同時也對應乾、濕、冷、暖，四種味覺（酸、甜、苦、辣）及四種顏色＊。
　　譯註：＊四種顏色為綠、藍、黃、紅，分別對應前述四元素。

27　見圖例 1：《關於靈魂四十問》裡的曼陀羅，「愛心」位居中心位置。

28　《曙光》，第十一卷，第 27-28 章，頁 94。

29　在本文中，Stock 可以指樹或十字架（σταυό，柱子、竿子、標桿），但它也可以指木棒或手杖。那麼它就成了魔杖。而 X 小姐接下的畫裡，魔杖開始像樹一樣萌芽生長。

30　《曙光》，第十一卷，第 37 章，頁 95。

31　下半部的黑暗對應的是四元一體系統裡的基本元素世界。見圖 7 評註所提及的四界（Achurayim）。

32　閃電是被四元一體系統中的四個元素或屬性所捕獲，因而一分為四。

（Kingdom of Darkness）；上半部 ⌂ 代表硝鹽（Salniter）；[33] 其半圓之上的十字則代表榮耀國度（Kingdom of Glory），在自由欲望意志（Will of the free Lubet）的歡愉火焰（Flagrat of Joy）中 [34]，

---

[33] 硝石（Salpetre）為神祕物質，與**土星之鹽**（*Sal Saturni*）及**地獄之鹽**（*Sal Tartari mundi maioris*）* 同義（海恩瑞希·昆拉特〔Heinrich Khunrath〕，《論自然最初混沌》〔*Von hylealischen Chaos*, 1597〕，頁 263）。塔塔入斯（Tartarus）在煉金術中則具有雙重涵義：一方面是今日化學裡的酒石酸氫鉀（hydrogen potassium tartrate），另一方面指的是煉金燒瓶的下半部，亦為神祕物質〔猶太教長老雅伯拉罕·伊里薩爾〔Rabbi Abraham Eleazar〕，《古代煉金術》（*Uraltes Chymisches Werk*, 1760），第二卷，頁 91）。金屬在「地下空穴」（cavitates terrae）亦即地獄（Tartarus）中生長。根據昆拉特，鹽是「地球的中心」（centrum terrae physicum）。伊里薩爾則說「智者的天堂和地獄」將所有金屬變回水銀。土星是黑暗的「凶星」。同樣的象徵也出現在死者彌撒祝禱中：「讓所有信徒的靈魂，自地獄與痛苦的深淵中解放；將他們從獅子口中解救【此為諾斯替教派中物質世界的黑暗造物主葉爾達伯特（Ialdabaoth）及土星的屬性】，讓他們免於塔塔入斯的掌握而陷入黑暗。」土星「製造黑暗」（波墨，《窮究人的三重生命》，第九卷，頁 96），並為硝鹽的特性（波墨，《萬物的象徵》〔*Signatura rerum*〕，第十四卷，46-48 章，頁 118）。硝鹽是來自於上帝的七個「精神泉源」的「乾燥」或「固化」狀態及體現，這些全都被包含於第七個精神泉源——代表「上帝之道」（Word of God）** 的墨丘利之中（見波墨《曙光》之第十一卷第 86 章以下，頁 94，與十五卷第 49 章，頁 151；《萬物的象徵》第四卷第 35 章，頁 28）。硝鹽跟水銀同為所有金屬與鹽之母（《萬物的象徵》第十四卷第 46 章，及第三卷第 16 章，頁 118、19）。它是一個妙體（subtle body）***，是地球樂園與純潔的亞當、夏娃墮落前的狀態，因此為**原初材料**的典型。

譯註：

* Tartarus 拉丁文原意為地獄深淵。因此 Sal Tartari mundi maior*is* 原文直譯則是「來自位於宇宙中心的地獄的鹽」。十六世紀西方主流宇宙觀仍視地球為宇宙中心，依此，地獄便位於地球內部。

** 在聖經裡，上帝以其話語（word）道出萬物之名，萬物因此被創生。

*** 妙體（subtle body）在煉金術裡，是處於「類物質狀態」的人體：既非純粹物質，亦非純粹精神性存在，亦稱為星光體（body of light 或 astral body）。在印度教中則有「細微身」，意指肉身之內還含有一真正的輪迴主體（相當西方的靈魂），其在肉體死亡後與之分離，進入下一肉身輪迴。但因其極精細微妙，只有修煉神通之人才能照見其存在。印度瑜珈的脈輪修煉中，將細微身的結構以氣／生命能量（prana）運行的關係做了完整的視覺化呈現。妙身或細微身的概念，同樣在中國道教、藏傳佛教與佛教的修煉為修行最高境界，例如：金剛身或光蘊身。

[34] 【「燃燒」（Flagrat）及「欲望」（Lubet）在波墨文中分別象徵「閃光、火焰、燃燒」與「欲望、感受」——英譯編者按】。

　　　　　　　　　榮格與 X 小姐的曼陀羅：個體化歷程研究 ┝

它從光芒爍爍的火晉升成為自由的力量；這精神之水[35]……是自由之欲有形的存在……光與火的亮澤是為藥酒，讓色彩自光與火中萌芽生長與顯化。」[36]

〔536〕我花了不少篇幅在談波墨對閃電與光的長篇大論上，因為這對接下來的圖所表現的心理學內涵，提供重要啟示。但只有在對每張圖仔細研究後，我們才會完全明白這內涵所預示的。因此，我希望讀者們在閱讀以下評析時，能牢記波墨的觀點。我已經將重點以*斜體字*（譯按：中譯本採**粗體字**）強調。從我引用波墨的文字裡，可看出閃電火光對他論述的重要性及它在本案例（圖二）中扮演的角色。上面最後一段引文尤其值得特別注意，因為其中包含了 X 小姐在接下來的曼陀羅圖畫裡出現的關鍵母題：十字架、四元一體、分裂的曼陀羅、⊕的下半對應地獄與上半對應「硝鹽」的光明境地。對波墨而言，下半部代表的是「延伸至火焰內」的「永恆黑暗」[37]；而上半部「硝鹽」（salnitrous）對應的為第三原理：「是第一與第二原理所體現之可見的元素世界」。[38]十字架對應的為第二原理「榮耀國度」（Kingdom of Glory），是藉由「魔法烈焰」——即閃電——所顯露，他稱之為「神聖動力的啟示」（Revelation of Divine Motion）。[39]「火焰的光芒」（lustre of the fire）來自於「上帝的合一」，並顯露祂的意志。因此波墨的

35　指的是《創世紀》第 1 章第 7 段：「穹蒼上的水」。
36　《萬物的象徵》*第十四卷，第 32-33 章，頁 116。
　　譯註：＊波墨認為，上帝造物時在萬事萬物身上皆留下獨特記號，每個記號背後皆隱含個別事物存在的意義，而所有記號彼此相互動。本書為波墨探索基督教神祕主義與魔法研究裡的這項基本法則。
37　波墨，《神聖顯化三原理的表》（*Tabula principiorum*），阿姆斯特丹版，1682 年，頁 271。
38　同上，第 5 章，頁 271。
39　同上，第 42 章，頁 279。

曼陀羅代表的是「自然的國度」，「其本質是永恆的黑暗」。反之，「上帝的國度」或「榮耀」（即十字架），則為《約翰福音》1:5 中所說的光：「光照亮黑暗，而黑暗無法掌握光。」而「脫離了永恆之光，進駐到客體」的生命，則「有如淪為屬性而已」，變得「荒誕愚蠢，甚至像魔鬼及受詛咒者的靈魂一般；就像⋯⋯第四張表格所示。」[40] 因為波墨稱「自然的火燄」為**第四形態**（*fourth form*），並將其理解為「精神的生命火焰，是在堅硬力（hardness；即固化的乾燥硝鹽）與動力（神聖意志〔Divine Will〕）⋯⋯彼此持續不斷的交會下所產生。」[41] 與《約翰福音》1:5 一致的是，這裡面四元一體的閃電火光、十字架皆隸屬榮耀國度；而大自然、可見的世界與黑暗深淵則不受四重光眷顧，仍陷於黑暗中。

〔537〕為了完整起見，我要指出 ⊖ 符號在煉金術裡代表**硃砂**（cinnabar），是最重要的水銀礦（硫化汞；HgS）。[42] 有鑒於波墨賦予墨丘利重要的意義，這兩個符號的一致絕非偶然。路蘭特（Ruland）發現硃砂的意涵難以精確定義。[43] 唯一可確定的是，希臘煉金術裡存在所謂的**哲人硃砂**（κιννάβαρις τών φιλοσόφων; cinnabar of the philosophers），代表煉金歷程裡最終的**紅化期**（*rubedo*）階段。因此佐西莫斯（Zosimos）說：「（經過之前的煉金歷程後）你將發現散發火紅血色的金子。那是哲人硃砂與銅

40 　《神聖啟示的四張表》（*Four Tables of Divine Revelation*），頁 14。

41 　同上，頁 13。

42 　HgS 全名為 *hydrargyrum sulfuratum rubrum*（譯按：直譯即〔紅色硫化汞〕）。它另一個代表符號是 ☿ 。見律迪（Lüdy）著之《煉金與化學符號》（*Alchemistische und chemische Zeichen*）及葛斯曼（Gessmann）的《煉金術的象徵》（*Die Geheimsymbole der*）、《中世紀煉金術、藥理學和占星術》（*Alchymie, Arzneikunde und Astrologie des Mittelalters*）。

43 　「對硃砂實際代表的是什麼，在醫師之間仍存在很大的分歧。因為這個術語被不同的權威用來指涉過完全不同的物質。」路蘭特，《煉金字典》，頁 102。

人（χαλκάνθρωπος）轉化成為黃金。」[44] 硃砂也被等同於銜尾龍（uroboros dragon）。[45] 連老普林尼（Pliny）[46] 也稱硃砂為「龍的血」（sanguis draconis），這個術語到中世紀仍繼續沿用。[47] 硃砂的紅色屬性使之常被視為哲學的硫磺。特別困難的是，所有酒紅色的硃砂水晶都被歸類於碳精類（άνθρακες；carbons）。所有紅色系的礦石像是**紅寶石**、石榴石及紫水晶等都屬這一類。它們都像燃煤一樣閃耀紅光。[48] 另一方面，無煙煤（λιθάνθρακες；anthracites）[49] 則被視為「澆熄的」煤。這些聯想說明了為什麼黃金、銻與石榴石在煉金術裡的符號相類似。金 ♁ 為重要性僅次於水銀的「哲學性」物質，與被稱為「精煉結果」（regulus）或熱熔成「鈕扣狀」的銻共用相同符號。[50] 在我們引用的資料《萬物的象徵》（1622）問世前的二十年間，銻被譽為新的轉化用物質[51] 與萬能仙丹。[52] 巴西

44　見貝斯洛（Berthelot），《古希臘煉金術士合集》（*Alch. Grecs*），第三卷第 29 章，第 24 段。

45　同上，第一卷，第 5 章，第 1 段。值得注意是，這條龍有三隻耳朵四條腿（瑪麗亞公理＊〔axiom of Maria〕！見《心理學與煉金術》段落 209 以下）。
　　譯註：＊ 瑪麗亞公理為煉金術的箴言，源自西元三世紀的先知瑪麗亞：「一成為二，二成為三，自三之中生成一，是為第四。」

46　譯註：老普林尼（Pliny the Elder, 23-79 B. C.），羅馬博物學者、自然哲學家、軍人及政治家。知名著作為《自然史》（*Natural History*），其中包含詳細的冶金與礦物研究。

47　見老普林尼，《自然史》，Lib. XXXIII, cap. Vii。

48　醫學名詞 anthrax＊（炭疽病），意指皮膚上深紅色的「癰（carbuncle）與膿腫」症狀。
　　譯註：＊ 希臘文 άνθρακες 即英文 anthrax。這個字除了意指碳精類（煤礦），也意指深紅色的石榴石礦石（carbuncle），又同時為榮格提之醫學上的炭疽病之字源，皆與以上物質或感染症狀具有發亮、暗紅色的一群結晶等表徵有關。

49　譯註：無煙煤又稱硬煤或黑煤。具高度金屬光澤，為高熱能且是碳含量最高、雜質最少的煤礦，極不易燃。

50　銻也被標示為 ♁。韋氏字典定義 Rugulus（精煉結果）為：「冶煉與還原礦石後的礦渣裡的不純金屬塊」。

51　米開爾‧邁爾（Michael Maier）說：「哲人們的真『銻』，就如帝王之子，藏在深海中。」（《金桌的象徵》〔*Symbola aureae mensae*, 1617〕，頁 380）

52　被讚譽為消毒大力士（Hercules Morbicida），「疾病殺手」（同上，頁 378）。

琉斯·瓦倫提努斯（Basilius Valentinus）撰寫的《凱旋的銻戰車》（*Triumphal Car of Antimony*）大約在十七世紀前十年間出版（第一版可能於 1611 年出版），**一問世便廣受好評**。[53] 石榴石的符號為 ♁，而 ⊖ 代表鹽。十字中間一個圓圈的 ⊕ 則代表銅（取自塞浦路斯島女神維納斯的象徵，金星 ♀）。藥用酒石酸符號為 ♀，而酒石酸氫鉀（tartar）則為 ⊖ ♀ 。[54] 酒石酸氫鉀沉澱於煉金燒瓶底部，用煉金術士的話來說，代表：在地獄裡，即塔塔入斯。[55]

〔538〕在這裡我不企圖對波墨使用的符號做任何詮釋，只想指出圖二中的閃電擊入黑暗與「堅硬」（譯按：指圖中海邊巨石）之中，從**一團混沌**（*massa confusa*）炸出一個**圓**（*rotundum*），並點燃了它。圖中漆黑的石頭無疑代表黑暗，亦即無意識，就如海與天空以及女性的上半身（譯按：見圖一）代表意識的領域。我們或可自信地假設，波墨的符號也象徵類似的情景。閃電火光將球體從巨石釋放而形成某種解脫。但就如巫師已由閃電取代，X 小姐則由球體代之。無意識藉此對她表明，她不靠意識的幫助便能進行思索，而此舉也徹底改變了她最初的狀況。而這成果又得歸功於她缺乏繪畫技巧。在這之前，她嘗試過兩次加入人物來描繪解脫的行動，但都不成功。她忽略了一項事實，即初始狀態——她受困於巨石之中——本是非理性與象徵性的，因此不可能依理性的途徑解決。唯一的方法是採同樣非理性歷程的模式。這也是為什麼我建

53　這本書（最先？）於邁爾書中提及，同上，頁 379 起。

54　也是 ⊞，純粹的四元一體系統。

55　塔塔入斯（Τάρταρος）可能像巴貝利恩（βόρβορος, βάρβαρο；野蠻人）一樣為擬聲詞，用以表達恐懼。Τάργανον 是「醋，變酸的酒」。源自 ταράσσω，意謂「激起、擾亂、使驚嚇」（τάραγμα 代表「困擾、困惑」）以及 τάρβος 所代表的「恐怖、敬畏」。

議她，若畫寫實人物遭遇瓶頸，可以用象形符號來取代。這令她靈機一動，出現以圓（球）形代表人的想法。這種突如其來的想法（Einfall），不是她意識主導下會出現的關聯與表達方式，只可能來自於無意識：因為所謂**突如其來**（Einfall），總是自然「降臨」（falls in）的。值得注意的是，她只以球形代表她自己而非我。代表我的閃電純屬功能性的存在，所以對她而言我是促成轉化的催化劑。我的巫師角色正如《奧德賽》（*Odyssey*）裡的赫密士所扮演的角色：「與此同時，赫密士手持他那能呼風喚雨、任意施咒將我們從沉睡中喚醒的金色魔杖，召喚所有追求者的魂魄」。[56] 赫密士為 ψυχῶν αἴτιος——「靈魂的創始者」。他也是 ἡγήτωρ ὀνείρων——「夢的嚮導」。[57] 赫密士的代表數字為 4 這一點，對接下來的曼陀羅圖像具有特殊重要性。馬提雅努斯・卡培拉（Martianus Capella）說道：「赫密士的代表數字為四，因為只有他被視為具四重性的神祇。」[58]

〔539〕X 小姐的意識心靈對這幅畫的形式，並非一概接納。幸運的是，她在繪畫的歷程中發現這涉及兩個因素。用她自己的話來說，這兩個因素為**理智**與**眼睛**。理智總想把畫弄成**它**認為應有的樣子；眼睛則堅守目光所見，不依理智的期望，終究造就這張圖該有的模樣。她說，若依她理性的安排，她想要呈現的是白日光景，球體受陽光融化獲得自由；但是她的眼卻引導她的手繪出一個「震撼、具破壞力的閃電」夜景。這個領悟有助於她認同自己畫出的實

56　見瑞攸（Rieu）翻譯之《奧德賽》，頁 351。

57　希坡律圖，《反詰辯》，第五卷，第 7 章，頁 30；克倫億（Kerényi），〈靈魂嚮導赫密士〉（Hermes der Seelenführer），頁 29。

58　同上，頁 30。

際成果，同時承認這是一個客觀不受個人影響的歷程，不是一種私人的關係。

〔540〕對任何心靈事件皆採人格主義（personalistic）角度來看的人，例如佛洛伊德主義者，除了將此結果視為一種刻意的潛抑，很難採取前述的角度來理解。但若這之中有任何潛抑存在，也不能歸咎於意識，因為意識心靈可能對複雜的個人糾葛更感興趣。這種潛抑必定一開始便由無意識操弄。在這需要思考的是：無意識最原始的力量——本能——竟遭受來自同一個無意識的操作所壓抑或抵制！談論「潛抑」在此毫無意義，因為我們知道無意識是朝目標直奔而去，這不僅在於將兩個動物進行配對，更在於讓個體得以圓滿。基於此目的，圓滿性——在這以球體代表——被突顯為人格的本質，而我則被化約為一道短暫的閃電。

〔541〕X 小姐將閃電與**直覺**關聯起來，這個假設不無道理，因為直覺出現時總「如剎那閃電」。此外，也有理由可以說 X 小姐的人格主要功能為**感官型**（sensation）。她自己便這麼認為。那她的「劣勢」功能便應是直覺。因此它具有釋放或「救贖」的功能。我們從經驗知道，人格的劣勢功能經常補償、補足與平衡「優勢」功能。[59] 在這方面，我的心靈特質讓我很適合作為投射的載體。劣勢功能是意識最少使用的功能。這是因為它尚未分化的特質，同時也因其新鮮感與活力。它不受意識心靈掌控，即便受長期運用也不會喪失自主自發性，就算有所減損，其程度也極有限。因此它的角色絕大部分是扮演**天外飛來的救星**（*deus ex machina*）。它仰賴**自性**（self）而非自我。因此，它經常出奇不意如閃電般衝

59　人格優勢與劣勢功能的對應：思考／情感，感官／直覺。見《心理類型》定義。

擊意識，有時則帶來災難性的後果。它會為了騰出空間以成就圓滿的個體這超凡（supraordinate）的因素，而把自我推到一旁。因為圓滿的個體由意識與無意識所構成，其範疇遠超越自我。自性始終在場，[60] 只不過它像尼采的「石中像」（image in the stone）般沉睡著。[61] 事實上，那是石頭的祕密，**哲人石**（*lapis philosophorum*）作為**原初材料**的祕密。在石頭中沉睡的是神靈墨丘利，它既是「月之圓」、「圓與方」、[62] 生命體，又是拇指湯姆（Tom Thumb）以及第一人安索波斯，[63] 同時是煉金術士用以象徵著名的**哲人石**。[64]

〔542〕在當時，X 小姐對這些概念與推論並不知情，而我自己則是因為看出圓代表**曼陀羅**[65]，是圓滿的自性的一種心理表現。在這狀況下，沒有所謂我無意間以煉金術概念左右她想法的問題存在。這些畫，實質上都是無意識的創作；一些次要的面向，像是以風景來鋪陳主題，則來自意識層面。

〔543〕雖然中心發光的紅色球體與金色閃電是圖二的主角，我們不應忽略圖中還有其他蛋形與球狀體。如果球狀體象徵 X 小姐的自性，我們對其他球狀體也應採同樣角度詮釋。那麼，它們很可能代表與她關係密切的人的自性。在這我要指出 X 小姐有兩位

60　見《心理學與煉金術》，段落 329 中關於曼羅陀符號的**先驗**（*a priori*）存在。

61　同上，段落 406。

62　普萊曾但茲（Preisendanz），《希臘魔法莎草紙》（*Papyri Graecae Magicae*），第二部，頁 139。

63　〈神靈墨丘利〉（The Spirit Mercurius）＊，段落 267 之後。
　　譯註：＊ 該文出自《煉金術研究》合輯其中一章。榮格該文開端以受困的「瓶中精靈」代表墨丘利受困於物質中，比喻心理學上個體化歷程開展的困頓狀態。有鑑於墨丘利所象徵的二元特質──既是具體的煉金原初**物質**，又代表宇宙創生的**精神**，往後譯者遇榮格提及 spirit Mercurius 時，將視脈絡而譯為「墨丘利精神」。

64　《心理學與煉金術》，第三部，第五章。

65　見衛禮賢（Richard Wihelm）譯／榮格評註，《金花的祕密》＊（*The Secret of the Golden Flower*）。
　　譯註：＊ 原文為道教經典《太乙金華宗旨》，為中國清代道教有關內丹術的著作。

密友，她們在知性上的興趣一致，並建立了終生的友誼。這三位好友彷彿命運相連，皆根植於同一塊「土地」之中——三人共有的集體無意識。或許如此，無意識特地賦予圖二**夜間**的調性，與 X 小姐的意識所希望表現的白日光景，完全相反。同時要指出的是，圖一的金字塔意象在此再度出現，但尖頂被鍍上閃電火光且刻意突顯。與許多集體無意識內容的案例一樣，我將這詮釋為無意識內容「向上推」進意識的光明面。[66] 圖二的用色也比圖一來得鮮豔，使用紅色與金色。金色代表陽光、價值，甚至神性。因此「金」最常作為 *lapis*（編按：原石；亦為煉金功業最後的哲人石所成就的物質）的同義詞，代表**哲學金**（*aurum philosophicum*）、煉金士們的**金藥水**（*aurum potabile*）或**玻璃金**（*aurum vitreum*）。[67]

〔544〕就如我一開始便指出的，由於我對煉金術的不了解，當時並未將這些想法透露給 X 小姐。我感到有必要再提及這個情況，是因為接下來的圖三，帶出一個直接與煉金術有關的母題，而這也促使我下定決心，要對古老煉金大師們的作品做徹底的研究。

66　儘管我們對無意識抗拒成為意識的原因談了很多，也提出合理的說明，我仍要強調，無意識具有面向意識的漸進性，這可以視為一種成為意識的驅力。

67　最後一個名稱出自新約聖經《啟示錄》第 21 章 21 節＊。
　　譯註：＊文中描述新耶路撒冷的街道由黃金做成，清透如玻璃。

圖三（1928 年 10 月）

彩色圖片請見 P. 235

〔545〕第三張圖與前兩張一樣，都在自發無預設的狀況下完成，最顯著之處在於淺色系。在一片雲當中，漂浮著一個鑲著酒紅色邊的深藍球體。一條波狀的銀帶環繞球體中央，依 X 小姐所說，波浪的形狀形成「力道相等但施力相反」的平衡力量穩定球體。球體的右上方則浮著一條環狀的金蛇，蛇首指向球體——這很明顯是從圖二的金色閃電發展而來。但蛇是她事後經過一番「思量」才加上去的。這幅畫整體代表「一顆形成中的行星」。銀帶的中間寫有數字 12。銀帶被視為處於快速的振動之中，因而出現波狀這母題。它有如持續振動以保持球體漂浮的帶子。X 小姐將帶子比喻為土星環。但土星環和她的不一樣，是由分散的衛星組成，她的銀帶則與環繞木星而後成為其衛星來源的環形星盤，性質較相近。她稱銀帶上的黑線為「動力線」（lines of force），用以代表銀帶處於運動狀態。我用詢問的語氣評論道：「所以，是這些振動讓球體可以保持飄浮狀態？」「沒錯，」她回答，「它們是神的信差墨丘利的翅膀。銀則代表**水銀**（quicksilver）！」她緊接著說：

「墨丘利就是赫密士，是神聖心智（Nous）[68]，心靈或理性，是阿尼姆斯，在此他以外顯而非內含的形式出現。他像一層掩蔽真實人格的面紗。」[69] 在此我們先暫擱她後半段的言論，先處理較廣的背景意義，其內涵極其豐富，與前兩幅畫不同。

〔546〕在畫這張圖的同時，X 小姐感到她之前的兩個夢也交融於她的視野中。那是她生命中的兩個「大」夢。她從我參訪非洲後寫的非洲原始人的夢境故事中，得知「大」這個性質的用法。這已經成為形容與原型有關的夢的一種「白話用語」，因為它們具有獨特的聖祕（numinosity）特質。她所謂的「大」夢便是這個意思。幾年前她動過一場大手術。在麻藥影響下，她產生以下如夢般的幻視：她看見一個灰色的地球儀。一條銀色的帶子沿赤道線旋轉，並依振動的頻率形成交互輪替的凝結與蒸發區。凝結區上出現 1、2、3 這些數字，但有往上增至 12 的趨勢。這些數字代表「節點」或人類發展史上具重要角色的「偉人」（great personalities）。「數字 12 代表 12 個最重要的轉折或即將產生的偉人，因為它意謂

68　譯註：Nous 源自希臘文 voῦς，在希臘哲學中代表人類知性、智識或理性的能力。在新柏拉圖主義（Neoplatonism）者普羅提諾斯（Plotinus）的流溢理論（Emanationism）中，主張宇宙之初有太一（The One），萬物皆流溢自太一。首先自太一流溢出的為 Nous，是一個神聖的知性心靈（Divine Mind），它同時思索太一與自身之思想，普羅提諾斯將之等同於柏拉圖理論中的理型（Form）。其次從太一流溢的才是靈魂（Soul 或是 Psyche），並區分出上下兩種不同層次的靈魂，上層為持續與 Nous 保持關聯的**宇宙靈魂**（*anima mundi*）；下層則與自然界相連，為人類靈魂所屬範疇。基於祕儀教派與煉金術受新柏拉圖主義影響至深，並考量墨丘利（或赫密士）在煉金術理論中所具備的多重角色，及其多變的存在樣貌與特質，當榮格在本文談及墨丘利與 Nous 的直接關係時，譯者將把 Nous 中譯為「神聖心智」，以突顯墨丘利此心智與人類理性功能之間的層次差異。

69　X 小姐指的是我在〈自我與無意識的關係〉（The Relations between the Ego and the Unconscious）（即《榮格全集》第七卷《兩篇分析心理學的論文》的第二篇）一文中的評析，她讀的是較早收錄於《分析心理學論文集》（*Collected Papers on Analytical Psychology*）的版本（1920 年，第二版）。

發展歷程的高潮與轉捩點。」（此為她自己的說法。）

〔547〕另一個夢則比上面這個夢早一年發生：她看到天上有一條金蛇。金蛇要人群中的一位年輕男子犧牲獻祭，男子哀傷地服從金蛇。之後她又做了這個夢，但這次蛇選擇她作為獻祭。眾人對她報以同情，但她卻選擇自豪地面對命運。

〔548〕據她所說，她是在午夜一過便出生的，所以她到底算是 28 號還是 29 號誕生，難免有所疑問。她父親因此常開玩笑說她生不逢時（早於她的時代誕生）。因為她正巧在一天之始誕生，但一天「才正」開始，也可以說她是「第十二個時辰」出生的。如她所言，12 代表她人生的高潮，而這是她如今才達到的。亦即，她視這種「解放」為她人生的巔峰。這的確代表新生的時刻——但是她自性的誕生，並非生理上的出生。我們不能忘記兩者的區別。

〔549〕關於圖三的背景，還需要一些說明。首先要強調的是，X 小姐感到她畫這幅畫的時刻為她人生的「高潮」。其次，她之前做過的兩個「大」夢被一併融入圖三裡，更加突顯這幅畫的重要性。從圖二巨石中被炸出的球體，在圖三則在明亮的氛圍中向上浮升天空。暗夜中的地球在此已消失。增強的光芒代表自覺地領悟：解放已被整合為意識中的事實。X 小姐領會了漂浮的球體象徵「真實人格」。目前還無法確定的，則是她如何理解自我（ego）與「真實人格」彼此間的關係。但她採用的名詞竟和中國煉金術語中的**真人**——有「真正的」人與「完人」之意——不謀而合，而該術語又和西方煉金術 [70] 的**四方人**（*homo quadratus*）[71] 的意義極相

70　【煉金術的曼陀羅中央的「方形圖形」，象徵原石（*lapis*），而其中心點為墨丘利，被稱為「敵對雙方或對立元素的調停者。」〔見榮格，《伊雍》（*Aion*），段落 377 以後——英譯編者按。】

71　在英文（連同本譯本）裡使用「方形」、「四方形」的說法，即意指此術語。

近。[72] 我們在分析圖二時已指出，煉金術裡的**圓**就是同時為「圓與方」[73] 的墨丘利。在圖三中，這個關係更具體地以墨丘利之雙翼作為調和概念來表現：他的出現完全基於圖三內在的需求，並非 X 小姐對波墨著作有任何認識。[74]

〔550〕對煉金師來說，**煉金功業**所代表的個體化歷程比喻世界的誕生，而**煉金功業**本身便比喻上帝的造物偉業。人類被視為一個微宇宙（microcosm），等同於世界的縮影。在這張圖中，我們看到人內在有什麼是和宇宙相對應的，以及何種演化歷程可與世界及宇宙天體的創生相比：這便是**自性的誕生**，其歷程以縮影的方式出現。[75] 但是，和中世紀思想家所想的相反，形成人與宇宙相一致「對應」的並非其感官經驗，而是人作為精神與靈性的實體其整體之難以界定。難以界定的理由在於，人是意識與疆界遼闊無邊的無意識的複合體。[76] 「微宇宙」這名詞證實了一種共通直覺：那就是「完整」（total）之人和人的原型安索波斯一樣，與宇宙一樣廣大；這直覺也表現在 X 小姐身上。宇宙的類比，早在她被麻醉時

72　譯註：道教理論中，修煉是為了「修真」——修成真我。而修真者是借「假」來修真。所謂的「假」是尚未成真的肉身。肉身的構成有四大屬性：地、水、風、火。當修煉肉身達至真我，可以說肉身的四大面向亦昇華完滿。

73　召喚赫密士時所用。見普萊曾但茲，《希臘魔法莎草紙》，第二部，頁 139。更多細見見《心理學與煉金術》，段落 172；圖例 214 為《哲人石金論》（*Tractatus aureus*, 1610）頁 43 的**智者的神祕方形**（*quadrangulum secretum sapientum*）的複製。亦參見我寫的〈神靈墨丘利〉一文，段落 272。

74　我盡了力仍找不到 X 小姐的墨丘利可能的其他來源。自然不能排除是醫學上的隱忘症 *（cryptomnesia）。有鑒於她使用這個概念的明確，以及其形象與波墨的墨丘利驚人地一致，我傾向視之為自發出現。這不但不排除原型的涉入，反而預設了原型的存在。
　　譯註：* 隱忘症為一種失而復返的記憶。在主事者自己認不出來的狀況下，誤以為那是新發生的。

75　參見波墨所謂「最深處的靈魂誕生」（"the innermost Birth of the Soul"）。

76　這裡**內在之人**（*homo interior*）或**偉人**（*altus*）指的是墨丘利，至少也是源自於他。參見〈神靈墨丘利〉，段落 284 以後。

圖例 2：1916 年患者圖畫的素描。

上方的太陽被七色彩虹的光環所圍繞，光環被切分有如黃道十二宮。左邊呈現下降的、右邊呈現上升的轉化歷程。

做的夢出現過，其中當然也包含（真實）人格的問題：即振動的節點代表歷史上重要的偉人。如圖例 2 所示，早在 1916 年，我也在另一位女性案例的畫裡，觀察到類似的個體化過程：

〔551〕圖左，三滴來源不明的液體自上落下，變成四條線，[77] 或說兩對線條。線條們在移動中形成四條分立的路徑，然後交會於節點上並規律地重複這運動，如此形成了一振動系統。依當時患者的話，節點代表「偉人們以及宗教創立者」。這很明顯地與圖三的概念一致，由於將世界史區分時期、關鍵轉換期，以及藉神與半神代表時代特性這種普遍概念的存在，我們可稱此概念為原型的。在這裡，無意識自然不是透過意識的思索產生這些意象，而是藉由人類系統所共有的這種傾向，產生出像是祆教的帕西人

77　這些線條以經典四色繪成。

（Parsees）時期、印度教裡神祇的化身（avatars）與時代（yugas）
劃分的密切關係，以及占星十二星座裡的公牛（譯按：代表金牛
座，為天神宙斯所化身。）與公羊神（譯按：代表牡羊座），還有
代表基督教紀元的「偉大」（great）的魚（譯按：對應占星術的雙
魚年代）。[78]

〔552〕關於圖三中象徵數字或是帶有數字的節點，這屬於無
意識的數字祕術，不是那麼輕易就可解開。就我觀察，這個算數
的現象有兩個階段：第一個早期階段，數字遞增到 3，第二個後
期階段則可遞增至 12。3 與 12 這兩個數字被明確表達出來。12 為
4 乘 3 的積。我認為我們在這裡再度遭遇到瑪麗亞公理（axiom of
Maria）[79] 中三與四的兩難這同樣的困境。[80] 由於這議題在煉金術
中扮演極重要的角色，我曾做過多次討論。[81] 在這裡，我大膽提議
我們採用希臘煉金術的**四分法**（*tetrameria*）：這是分四個階段 [82] 的
轉化歷程，每階段有三個部分，相當於十二星座的轉換以及星座
四大屬性的劃分。正如我們常看到的，12 這數字不僅具個人意義
（例如：作為 X 小姐的出生時間），還具時間性。例如，當前我
們所處的雙魚年代已接近尾聲，而雙魚同時是黃道第十二宮。這

78　亞伯克尤斯＊墓誌銘（Abercius inscription）所提及的「巨大的」魚（約西元 200 年）。【參見
　　《伊雍》，段落 127，註釋 4——英譯編者按。】
　　譯註：＊亞伯克尤斯（Abercius，西元 167 年逝世），處於羅馬帝國之馬可‧奧理略（Marcus
　　Aurelius）皇帝時期，被認為是他自己墓誌銘（Inscr 為基督教早期主教 iption of Abercius）的原
　　作者。該墓誌銘目前收藏於梵蒂岡博物館。

79　譯註：關於瑪麗亞公理內容，參見註釋 45 中之譯註。

80　參見佛羅奔紐斯（Frobenius），《命運》（*Schicksalskunde*），頁 119 之後。作者的詮釋，在某
　　些面向我認為值得商榷。

81　《心理學與煉金術》，段落 204；〈童話中的精神現象學〉（The Phenomenology of the Spirit in
　　Fairytales），段落 425 及 430；及《心理學與宗教》（*Psychology and Religion*），段落 184。

82　《心理學與煉金術》，索引，「四等分」（quartering）。

亦令人想起諾斯替教派神話中，例如賈斯丁（Justin）所傳達的靈知念：作為「父親」的伊洛西姆（Elohim）與半蛇半女性的伊甸（Edem）生下了十二名「父系」（fatherly）天使。此外，伊甸還生下十二名「母系」（motherly）天使。用心理學的術語來說，這十二名天使代表十二名「父系」天使的陰影。十二名「母系」天使，以三人為一組自行分成四組（μέρη），對應了天堂的四條河流。她們圍成一圈（ἐν χόρῳ κυκλικῷ）舞蹈。[83] 將這些看似無關的概念連在一起是有道理的，因為它們皆系出同源，那就是集體無意識。

〔553〕在圖三中，墨丘利形成一個環繞世界的銀帶，這通常是以蛇來表徵。[84] 墨丘利在煉金術裡為一隻蛇或龍（「善變的蛇」；serpens mercurialis）。奇怪的是，圖中的蛇離球體有一段距離，而且頭朝下對準了球體像要攻擊它。X 小姐說，球體是藉力道相當的正反作用力維持飄浮狀態的，並由水銀或與之相關的銀帶來表徵。在古老煉金傳統中，墨丘利是雙重性質的──亦即他是自

83　希坡律圖，《反詰辯》，第二十六卷，第 1 頁之後。

84　參見《梵蒂岡抄本》190（Cod. Vat. 190）中，對「一個多彩多面球體的……描述」（被曲蒙〔Cumont〕引用於《密特拉奧祕之文本與紀念碑插圖》（*Textes et monuments figurés relatifs aux mystères de Mithra*）：「全知的上帝，創造了一條長度與體型皆碩大無比的巨龍，使牠黝黑的頭……朝向日出，尾巴……面向日落。」文中這樣描述龍：「接著全能的巨匠造物主（Demiurge）* 以閃亮的王冠啟動巨龍，我指的是巨龍扛在背上的那黃道十二宮。」艾斯勒（Eisler）將這條黃道十二宮之蛇與海怪利維坦（Leviathan）做關連（《世界斗篷與穹蒼》〔*Weltenmantel und Himmelszelt*〕，頁 389）。至於以龍象徵時間循環週期的年，可參考 1831 年《梵蒂岡抄本編輯中的經典著作家》第六卷（*Classicorum Auctorum e Vaticanis Codicibus Editorum*, VI）中的〈梵蒂岡神話學家三〉（Mythographus Vaticanus III），頁 162。類似的關聯組合亦見於柏亞斯（Boas）翻譯赫拉波洛（Horapollo）所著之《象形文字》（*Hieroglyphica*），頁 57。

譯註：*Demiurge 在柏拉圖（見其對話錄《蒂邁歐》篇）與新柏拉圖主義中，為創造與維護物質宇宙的一工匠性質的存有。諾斯替教派亦承接此影響，並視 Demiurge 與萬能且獨一無二的上帝不同（此為一神論影響），前者模仿上帝及其精神理型而創造物質世界。

身的悖反。[85] 墨丘利或赫密士本身是魔法師，也是掌管魔法師的神祇。作為崇高偉大的赫密士（Hermes Trismegistus），他是煉金術的宗師。他的魔杖（手杖）上纏繞著一對蛇。同樣的特徵也見於醫療之神阿斯克勒庇由斯（Asklepios）的蛇杖。[86] X 小姐還沒開始和我進行分析時，便將這些概念投射到我身上。

〔554〕被水銀環繞的球體，其背後的原始意象可能是被蛇纏繞的世界蛋。[87] 但在圖三，象徵墨丘利的蛇・被水銀分子振動場域這種偽物理學的概念所取代。這像是在為自性（或其象徵）被多變水銀蛇纏繞的事實，披上知性的偽裝。就如 X 小姐自己也指出的，「真實人格」被其所遮蔽。這大概就像伊甸園裡被蛇纏繞的夏娃一樣。為了避免以此意象出現，墨丘利只得採用他既有的存在樣態，將自己分立顯化：一為**硫化汞**（*mercurius crudus*）或**粗糙水銀**（*vulgi*）；另一為**哲人的墨丘利**（*Mercurius Philosophorum*）（即**墨丘利精神**〔*spiritus mercurialis* 或 *the spirit Mercurius*〕，赫密士神聖心智〔Hermes-Nous〕），並以金色如閃電般的蛇或智性蛇（Nous Serpent）的姿態盤旋空中，但處於歇止狀態。從水銀帶的**振動**中，我們可以感到一種令人戰慄的興奮，就如懸浮的球體本身所傳達的緊張期盼：「懸而未決陷於痛楚中！」對煉金術士而言，水銀為神靈墨丘利的具體物質表現，就如註釋 73《哲人石金論》（*Tractatus aureus*）中提及的曼陀羅所示：墨丘利居於中心點，方形則代表區分成四個元素的墨丘利。就像《奧義書》（Upanishads）中的阿特

---

85 〈神靈墨丘利〉，第 6 章。

86 卡爾・奧福德・邁爾（Meier），《古代孵夢療癒與現代心裡治療》（*Antike Inkubation und moderne Psychotherapie*）。

87 毘濕奴（Vishnu）被描述為達摩達拉（dāmodara），「身體被繩子綁住」。我不確定是否要把這個象徵一併納入考量；但為了完整起見還是在此提及。

曼（atman；靈魂之意），他是**世界靈魂**（*anima mundi*），藏於世界中心的深處，又同時包羅整個宇宙。又正如水銀是墨丘利的具體顯化，黃金是太陽在地球上的實體形式。[88]

〔555〕驚訝的是：不分時期與地域，煉金術總是將原石（lapis）或**原始物質**（minera）的概念，與**偉人**（*homo altus*）或**崇高**（*maximus*）——亦即第一人安索波斯的觀念相結合。[89]同樣令人驚訝的是，X 小姐的曼陀羅裡，從巨石中爆出的黑色圓石，也代表心靈圓滿的人這個抽象概念。大地，特別是沉重冰冷的石頭，是物質性的典型，屬於金屬的水銀也是如此，而 X 小姐認為水銀代表阿尼姆斯〔心靈，**智性**（*nous*）〕。我們則會預期以氣體相關的符號，像是空氣的意象、呼吸、風，來代表自性與阿尼姆斯。古老配方中的**非石之石**（λίθος οὐ λίθος）表達了這個兩難：我們面對的是**對立情結**（*complexio oppositorum*），就像光在某些條件下行為模式為粒子屬性，其他狀況下則出現波動性特質，而波粒二象性明顯地是光的本性。關於無意識的這些自相矛盾與無法解釋清楚的聲稱，勢必要經過一番推敲。它們不是意識的發明，而是不受意識所管轄的心靈所自發顯現，很明顯地它能罔顧我們的意圖，擁有完全表達的自由。墨丘利雙重矛盾的本質——同時具金屬與氣體特性——與安索波斯靈性抽象的概念，藉黃金（即金屬）這有形的具體物質來表徵，是一樣的道理。據此我們只能說無意識不僅傾向把精神與物質等同，更視兩者實為一樣，而這與意識裡片面的知性偏見——或者將物質靈性化，或是物化精神性存在——截然不同。原石或說圖

88　米開爾・邁爾（Michael Maier），《論圓與方，即黃金與其療癒力量，隱匿於堅硬外殼下的柔軟核心》（*De circulo physico quadrato*, 1616），第 1 章。

89　中世紀煉金術裡的基督。見《心理學與煉金術》，第三部，第 5 章。

三中的漂浮球體具有雙重涵義，可從球體由兩種象徵性的色彩所構成明顯看出：紅色代表血與情感，是精神結合肉體時產生的生理反應，而藍色代表靈性的歷程（心靈或**智性**）。這個二元性令人想起煉金上**肉體**（*corpus*）與**精神**（*spiritus*）兩種不同的實體，透過第三者而結合——即**阿妮瑪**作為肉體與精神的結合（*ligamentum corporis et spiritus*）。對波墨來說，「深藍色」（high deep blue）與綠色的混和象徵「自由」，就是重生的靈魂內在的「榮耀國度」。通向火的界域與「黑暗深淵」的紅色，則形成波墨四元一體系統曼陀羅的邊緣區域（見圖例 1）。

圖四（1928 年 10 月）

彩色圖片請見 P. 236

〔556〕接下來的圖四，則出現一個重大的轉變：球體被區分出外膜與內核。外膜為肉色；而原先在圖二中霧狀的紅色內核，則形成具鮮明差異的三元內在結構。而原先圖三水銀帶上的「動力線」，在此則貫穿內核整體，顯示此能量的激發不再是外部而已，還向內擴獲整個核心。「一場浩大的內在活動開始了，」X 小姐說。具三元結構的內核應是雌性生殖器，造型像受精中的植物：精

榮格與 X 小姐的曼陀羅：個體化歷程研究

子正在穿透內核膜。其角色由水銀蛇代表：它黑色晦暗，屬於幽冥隱密、猥褻的赫密士那一面；但它擁有墨丘利的金色雙翼，因此也具備他靈氣風動的特質。所以煉金術士分別以長有翅膀及無翅膀的龍來代表**雙重墨丘利**（*Mercurius duplex*）：稱前者為陰性，後者為陽性。

〔557〕精確地說，圖四中的蛇比起精子，反而更像陽具。里奧・艾伯諾（Leone Ebreo）[90] 在《愛的對話錄》（*Dialoghi d'amore*）中，稱水星（墨丘利）為天空的**陽具**（*membrum virile*），也就是說整個宏觀宇宙被視為一**崇高偉人**（*homo maximus*）。[91] 精子所對應的，應是蛇從凹陷的外胚層注入內核的金色物質。[92] 兩片銀色花瓣（？）可能象徵接納的容器，有如受太陽種子（黃金）著床的月盆。[93] 花朵下有一個紫色的小圓圈在卵巢內，其顏色顯示這是「二元屬性的結合」，即精神與肉體（藍與紅）之結合。[94] 蛇身繚繞著淡黃色光暈，代表其神聖靈性。

〔558〕由於蛇由圖二的閃電演變而來，或者算是閃電的一種變形，我想舉一個與此相對照的例子：其中的閃電與我們圖中的蛇

90　里奧・艾伯諾（Leone Ebreo, c. 1460–1520）為哲學家暨醫師，其著作在十六世紀廣受歡迎，對其同輩與後繼者影響深遠。他的作品延續了由醫師暨煉金術士馬西利奧・菲奇諾（Marsilio Ficino, 1433–99）在對柏拉圖《饗宴》（*Symposium*）的評論中所發展出的新柏拉圖主義思想。艾伯諾的本名是里斯本的唐・猶大・阿布拉班諾（Don Judah Abrabanel, of Lisbon）。（有些文本謂阿布拉班諾〔Abrabanel〕，也有則為阿巴爾班諾〔Abarbanel〕）。

91　參見英文版之《愛的哲學》（*The Philosophy of Love*）。弗里德伯格—西利（Friedeberg-Seeley）、巴恩斯（Barnes）合譯，頁 92、94。這種觀點的來源，可見於猶太哲學卡巴拉思想中，對生命之樹的基礎質點「依索德」（Yesod）的解釋（諾爾・馮・羅森洛特〔Knorr von Rosenroth〕，《卡巴拉揭祕》〔*Kabbala Denudata*, 1677–84〕）。

92　這種偽生物學名詞的使用，符合 X 小姐本身的科學教育背景。

93　這是另一個煉金術概念：**日月交合**（*synodos Lunae cum Sole*），或日月聖婚。參見〈移情心理學〉（The Psychology of the Transference），段落 421，註釋 17。

94　詳見〈論心靈本質〉（On the Nature of the Psyche），段落 498。

具同樣的啟發性與蓬勃生機，充滿孕育、轉化與療癒作用（見圖例3）。這裡面呈現兩個階段：首先，代表嚴重憂鬱狀態的黑色球體；其次，一道閃電擊中球體。這種意象在日常語言中也常用：像是被「靈光乍現的啟示」「一語道破（完全命中）」。唯一的差別是，通常是意象先行出現，患者則是事後有所領悟時才因此說：「這完全擊中要害。」

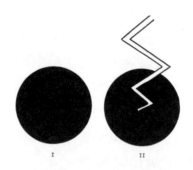

圖例3：一位患有心因性憂鬱症的年輕女性，在治療初期的素描草稿

I. 代表黑暗無望／ II. 治療有起色的開端

在更早的一幅畫中，球體躺在海底。其後的一系列畫裡，顯示球體之所以升起，是因為一條黑蛇吞噬了太陽。繼之出現的，是一幅帶有八顆銀星花環的八芒純黑曼陀羅。其中心為一個黑色生命體。接著，黑色球體發展出紅色的核心，紅色光芒，或說紅色血液自核心流溢至外圍形成觸手般的肢體。整個曼陀羅看來像一個螃蟹或章魚。如同之後的畫所顯示的，患者被關在球體中。

〔559〕針對圖四成形的背景，X 小姐強調圖三中的水銀令她困擾。她認為銀色金屬物應該位於球體內，帶上的黑線則留在外部形成一條黑蛇。這將整個球體都包圍住。[95] 一開始她視蛇為「可

95　對此，我們必得想到希臘神話裡包圍整個地球的大洋河，以及隱藏其中纏繞世界的蛇：這便是「海龍」利維坦（Leviathan）；而依據埃及神話裡的颱風惡魔（Typhon/Set）及其統治海

佈的危險」，會危及「球體的圓滿性」。在蛇穿透外胚層之處，噴出了火焰（情緒）。她的意識面將這股怒火解讀為球體的防禦反應，所以她試圖將此攻擊描繪成一場挫敗行動。但這意圖無法滿足她「眼睛」的需求，為此她拿出之前的鉛筆草稿給我看。顯然她陷入兩難：不需我來提醒，蛇強烈而鮮明的性暗示，使她無法認同蛇的存在。我便從我搜集的圖案中，拿出另一張類似的圖給她看，告訴她：「妳放心，這種現象經常出現在這歷程中。」[96] 那張圖為男性所繪，顯示一個漂浮的球體，從底部被一個黑色、狀似陽具的東西所穿透。她後來說：「我突然可以從客觀的立場了解這整個過程。」這是因為理解到性只是依從生命繁衍的法則。「自我並非中心，我不過是遵循宇宙的定律繞著太陽轉。」她便接受了蛇的存在，視之為成長必經的一部分，很快地就完成圖四。唯一的難處是，她說她得把蛇「畫在中央正上方不可，這樣子才符合我視覺上的需求。」顯然無意識只能接受中央正上方這樣的位置——這和我給她看的那張類似的圖片，做法剛好完全相反。我說過那張圖由男性所繪，顯示具威脅性的黑暗象徵，從底部侵入曼陀羅。對女性而言，來自無意識的威脅總是**來自上方**，亦即「精神」領域以阿尼姆斯的意象現身。對男性來說，這種威脅則來自屬於「世界與女性」的陰暗地帶，亦即被投射到世界中的阿妮瑪。

洋的傳說，利維坦即惡魔。「惡魔……從四面八方包圍了海洋」（聖傑洛姆〔St. Jerome〕，《書信》〔*Epistolae*〕，第一部，頁12）。更多內容詳見拉諾（Rahner），〈桅杆之為十字架（二）：世界的海洋〉*（Antenna Crucis II: Das Meer der Welt），頁89之後。

譯註：* 拉諾的〈桅杆之為十字架〉，為一系列神學文章，旨在討論與十字架有關的象徵與預表（Typology）。

96　同樣的母題，也出現在艾絲特・哈丁（Esther Harding）發表於著作《心靈的能量：其源起與轉化》（*Psychic Energy: Its Source and Its Transformation*）中的兩個曼陀羅，圖 16 與 17。

〔560〕這讓我們再度想起賈斯丁的靈知理論中類似的想法：第三位父系天使是巴路克（Baruch），也是天堂的生命之樹。與他相對應的母系天使則為蛇——納斯（Naas），她是代表善惡的知識之樹。[97] 由於伊洛西姆（Elohim）為第二位永恆的存有，他離開伊甸（Edem）時，便回到神聖三合體中的第一位〔神聖三合體由「善」（Good；譯按：第一位永恆的存有）、「父親」（Father；譯案：即伊洛西姆），與伊甸組成〕。伊甸便追逐伊洛西姆遺留在人類身上的精神，使人類受納斯所折磨（**讓所有人類身上的伊洛西姆精神都下地獄**；ἵνα πάσαις κολάσεικολάζῃ τό ὂν πνεῦμα του Ἐλωεὶμ τὸ ἐν τοῖς ἀνθρωποις）。納斯玷污了夏娃，又把亞當用做孌童。然而，伊甸是靈魂；伊洛西姆是精神。在這裡，**「靈魂抵抗精神，精神抵抗靈魂」**（κατὰ τῆς ψυχῆς τετάκται）。[98] 這個觀點，幫助我們理解在圖四曼陀羅中，對立的紅與藍，以及代表知識的蛇其攻擊行為。這是為什麼我們畏懼認識真理，在此案例意指陰影。因此巴路克給了人類耶穌，使人類還有可能被引導回歸於「善」（Good）。不過，「唯一的善（Good One）本身是生殖之神普里阿普斯（Priapus）」。[99] 伊洛西姆是天鵝，伊甸是麗姐（Leda）；他是金子，她是達納厄（Danaë）。[100] 我們也別忘

97　納斯（Naas）就是貌如蛇形的心智（譯按：見段落〔554〕的智性蛇），以及煉金術裡善變的水銀蛇。
　　譯註：賈斯丁為西元二世紀後的靈知思想家，榮格所引用其之著作《巴路克之書》（*Book of Baruch*），是結合古希臘神話與猶太教的調和式宗教著作，被視為猶太教成為一神論及諾斯替教義興盛期之轉換期之重要著作。

98　希坡律圖，《反詰辯》，第五卷，第 26 章，頁 21 之後。這個亞當與夏娃及蛇的傳說，一直被保存到中世紀。

99　這顯然是運用希臘文間的相似字來建立關聯：普里阿普斯的 Πρίαπος 與「創造一切」之意的ἐπριοποίησε τὰ πάντα。《反詰辯》，第五卷，第 26 章，頁 33。

100　譯註：希臘神話中，宙斯因覬覦麗姐，而變成天鵝與之雲雨。同樣的，宙斯看上達納厄，遂

了，自古以來天啟之神赫密士便具有蛇的意象，例如：阿加索代蒙（*agathodaimon*）。[101] 伊甸也是蛇——處女蛇，並具有「**雙頭**」、「**雙身**」（δίγνωμος, δίσωμος）的二元屬性。在中世紀的煉金術裡，伊甸的意象則變成象徵陰陽同體（androgynous）的墨丘利。[102]

〔561〕讓我們回想圖三的**粗糙水銀**（*Mercurius vulgi*），它纏繞整個球體。這表示神祕的球體被「粗劣」（vulgar；譯按：拉丁文字根同為 vulgi）或粗糙的理解所籠罩或掩蔽。X 小姐自己認為「阿尼姆斯掩蓋了真實人格」。我們可以說世俗的世界觀，號稱是生物學的立場，在此把持了性的象徵符號，並用世人認可的理解模式將之具體化。這是可諒解的錯誤！而另一個較正確的觀點則更加精細微妙，人們自然習慣沿用已知的舊觀點，既滿足自己「理智」的期待又可贏得同輩的掌聲——結果卻發現自己陷入無可救藥的困境，反而倒退回整個歷程的原點。猥褻的蛇在此含義鮮明：由上而來的包含一切氣態的、知性與精神層面的；由下而來的則與激情、肉體（物質）以及黑暗有關。與世俗的預期正好相反，蛇其實是一個精神性的象徵符號，[103] 是**靈性的墨丘利**（*Mercurius spiritualis*）—— X 小姐表示，即使自我任性地操弄性象徵，仍需服膺普遍定律。所以性的指涉在圖四完全不構成問題。因為它經歷了

化為一陣金雨降臨她寢宮，與之交合。

101　譯註：阿加索代蒙在希臘神話中，被視為每個人出生時具有的守護靈，他提供庇護與智慧，並帶來好運。古希臘人認為每個人出生皆具有兩種人格精神：一為阿加索代蒙，另一則為與之相對的惡靈——卡克代蒙（cacodaemon）。阿加索代蒙在藝術作品中，常以蛇的形象出現；或是成為一手持豐饒之角與容器，另一手握罌粟與麥穗的少年。

102　見我撰寫的〈帕拉賽瑟斯作為一種精神現象〉（Paracelsus as a Spiritual Phenomenon）一文中，洛伊斯納（Reusner）所繪之《潘朵拉》（*Pandora*, 1588），插圖 B4。

103　古典傳統觀裡，蛇代表「最具靈性的動物」（πνευματικώτατον ξῶον）。基於此，它亦象徵智性與救世主。

更高層次的轉化，為其所收服；並非潛抑，只是不具有對象。

〔562〕X小姐後來告訴我，對她而言圖四是最困難的，彷彿它代表整個歷程的轉捩點。我認為她的感受應該沒錯；這是因為清楚地感到，要把對自己如此重要的自我無情擱置一旁，實非易事。這種「放手」，作為一切精神性發展的更高形式之**必要條件**（*sine qua non*），並非毫無意義，不論那些形式叫冥想、默觀、瑜珈或靈修操練。然而從此案例可看出，放下自我不是意志有意識的抉擇，也不是任意便能發生的結果；這是個事件，一個現象，其強有力的內在邏輯，僅能靠刻意自欺來喬裝。

〔563〕針對這案例，「放手」在此時更是關鍵。而由於一切都會過去，被暫擱的自我也會有需要回復其位置與功能的時候。放手提供了無意識等待已久的機會。但它由二元屬性構成——日／夜、明／暗、正／負——又同時是善與惡，因此是矛盾的組成。當潮水復返，時機成熟時，我們就得像約伯（Job）一樣堅持穩住，以免在相對抗的力量中失衡而遭不測。這種堅守的態度只能來自於意識裡的意志力，亦即出於自我。那是自我的重要性與無可取代之處，但，就如我們在此案例所見，它的重要性是相對成立的。同樣的，經由整合無意識得來的收穫，其意義與重要性也是相對的。我們為自身增添了一明一暗，而更多的光明意謂著更多的黑夜。[104]但意識對更寬廣的視野的渴求，是無法被阻擋的；若它們不想粉碎人格，就必須擴展其範疇。

104　參見聖十字若望（Saint John of the Cross）關於「靈魂的暗夜」的說法。他的詮釋用在心理學上一樣有用。

圖五（1928 年 10 月）

彩色圖片請見 P. 237

〔564〕X 小姐說，圖五毫不費力地順著圖四自然發展而成。球體與蛇在此已分開來。蛇身在此有下沉的趨勢，似乎失去它的威脅性。但球體彷彿滿腔報復心：它不僅變大了，更以絢麗色彩盡情綻放。[105] 其內核似乎經歷一場分割而分成四等分。但這不是意識有意的作為，這跟那種受過生物學訓練的人會有的傾向不同；將歷程或主要核心象徵一分為四的現象，自古便存在：從荷魯斯（Horus）的四個兒子開始，或以西結（Ezekiel）的四活物（four seraphim），[106] 又或是以巴貝洛為宗之靈知派（Barbelo-Gnosis）的

105　因而此煉金曼陀羅有如一幅**玫瑰園圖**（*rosarium*）。

106　譯註：榮格在此稱以西結的四活物為四天使（four seraphim），其源頭為 four living creatures 或四形體（tetramorph）。Seraphim 見於聖經《以賽亞書》第 6 章第 2 節，是以賽亞靈視中會飛的**六翼烈焰天使**（參見譯註 21）。四活物則源自聖經《以西結書》第 1 章（Ezekiel: I），為以西結靈視中的異象，猶太教與基督宗教對其形象敘述多所變化，但皆統稱為**四形體**。以西結靈視所見的四個活物，每位都有四翼、四張臉：人、獅、牛、鷹；分別面朝東、西、南、北四個方向。四活物的形象，到了《啟示錄》約翰（John）的靈視中則有所改變：雖和以西結所見一樣有四張臉，但是四翼在此變成六翼，並和《以賽亞書》中的六翼烈焰天使一樣，全身長滿眼睛，同樣也是護衛上帝御座的天使。

宇宙論中，由精神（pneuma）自行孕育的子宮（the Metra）所生下的四個伊雍（Aeons）。還有波墨的四元一體系統中，由閃電火光（蛇）形成的十字架，[107] 最後則是**煉金功業**的四分法及其組成（四種元素、屬性、轉化階段等）。[108] 以上四元一體系統的例子皆各自形成一整體；圖五則有綠色圓圈居於四分部的正中央。這四部份彼此型態一致，各自形成一左旋的漩渦。一般而言，朝左的運動意謂朝向無意識行進，而順時鐘的向右運動則邁向意識，我這個看法應無誤。[109] 一個代表「陰險」（sinister），另一則是「對的」（right）、「正義的」（rightful）、「正確的」（rightful）。在西藏，左旋的卍字為使用黑魔法的苯教（Bön）的標誌。所以佛塔及舍利塔建築架構，都必須採順時鐘模式。左旋的漩渦轉入無意識之中；右旋則轉離混亂的無意識。因而西藏佛教的象徵符號，是往右旋的卐

107　佛教中則有「四大天王」（*lokapata*），位居世界四方守護人世，形成一四元一體系統。

108　「上帝以神祕的蒸餾法，將原初之水分離為四部分與區域」（出自森迪佛爵斯〔Sendivogius〕之《書信十三》〔*Epist. XIII*〕，見曼吉〔Manget〕編纂之《奇異化學誌》〔*Bibliotheca chemica*, 1702〕第二部，頁 496）。在煉金術士克里斯安諾斯（Christianos）文中（見貝斯洛編纂之《古希臘煉金術士合集》，第六卷，第 9 章第 1 段，及 第 10 章第 1 段），蛋與物質皆由四種元素組成。（引述自賽諾克拉底〔Xenocrates〕，同前述著作，第六卷，第 15 章，第 8 段）

109　道教哲學視向右的運動為生命歷程的「下墜衰微」，這是因為精神受到**魄**（*p'o-soul*）——即太極中的**陰**性原則——激情本質的影響。稱之為阿尼瑪在心理學上是正確的，雖然這只觸及此部分面向（參見我在《金花的祕密》中的評註，段落 57 之後）。**魄與魂** ＊——即精神——在宇宙與繁衍歷程中皆彼此交纏。反之，左向或倒轉的運動則象徵生命的「上升」。由於「自外在事物中解脫」，使精神得以掌控阿尼瑪。這概念雖和我的發現一致，卻未考量一個人可輕易地擁有精神外顯與阿尼瑪內隱的情形。

譯註：＊ 道教有「陽魂陰魄」以及「左陽右陰」之說，分別代表陽性與陰性原理，榮格視之與其「阿妮瑪-阿尼姆斯」（anima- animus）理論相類似。而陽魂代表阿尼姆斯，也與煉金術裡上升的「精神」原理等同。但道教雖視魂氣為精神，卻劃分陰魄與形骸有關，屬外物；這點與榮格「阿妮瑪-阿尼姆斯」原理的內外關係會依生理陽性與陰性差異而有所互換，截然不同。

字。[110] （亦參見圖例 4）

圖例 4：馬爾他島塔爾欣鎮（Tarxien）的新石器時代浮雕。

螺旋狀圖樣代表蔓藤末端的捲鬚。

〔565〕對 X 小姐來說，這次歷程最重要之處在於意識的分化。憑藉著豐富的心理學知識背景，她以意識的四種功能傾向來解釋曼陀羅中的四分部：思考、情感、感官、直覺。但她注意到四分部彼此相同，而意識的四功能，則彼此相異。這個落差對她不構成問題，對我則不然。如果這四分部**不是**意識的四個功能面向，那它們會是什麼？我懷疑以四個功能面向來詮釋這四分部是不充分的。它們的意義應不止於此，或許是如此才讓它們之間毫無差異。四分部不構成四個不同的功能面向，但它們可能代表了這四個功能之能成形的**先驗**（*a priori*）可能。圖五具有四元一體系統——數字原型 4，這使得多重的詮釋變得可能，歷史可證，而我也示範過這個可能。它表現了無意識內容進入意識層面；因此常出現在宇宙源起的神話中。若曼陀羅一分為四是意識化歷程的開始，為何這四個漩

---

110 這是錫金（Sikkim）布提亞巴士提（Bhutia Busty）寺院的仁波切告訴我的。

渦不約而同向左轉，在此我不願多加揣測。我仍欠缺必要的素材。
藍色代表空氣或精神（pneuma），而向左旋代表無意識影響的加
劇。或許，這是針對被過份強調、代表感觸性（affectivity）的紅色
的一種精神上的補償。

〔566〕曼陀羅本身是大紅色，但四個漩渦則為冷調、偏綠的
藍色系，X 小姐將之與「水」做關聯。由於水是無意識最愛用的象
徵，[111] 也許可以把這和左旋運動併在一起看。曼陀羅圓心的綠，
代表大地冥府（chthonic）意義下的生命。那是煉金術士的「幸福
的生命綠光」（benedicta viriditas）[112]。

〔567〕這幅畫的問題，在於黑蛇完全不在象徵完滿的圓之
內。圓滿若要完整實現，黑蛇應該要在圓圈內。但如果我們還記得
X 小姐對蛇的心存芥蒂，便可以想像要將蛇的意義納入圓滿心靈象
徵的一部分，是有困難的。若我們關於四漩渦「左旋」的推測正

111　一旦成為「既定」的教條，水也象徵精神的「物質性」。我們也別忘了，藍綠色在波墨學說
　　　中代表「自由」。

112　譯註：benedicta viriditas 字面直譯為：受祝福的綠意。viriditas 意為「綠意」，與煉金功業最終
　　　結果的哲人石——即黃金——具有雙重關聯：正面關聯即 benedicta viriditas，指的是由黃銅或
　　　銅冶煉出具黃綠色光澤的哲人金；負面關聯則為 verdigris，是黃銅或銅因腐敗而產生的銅鏽。
　　　因此，「綠意」在煉金上的雙重意義，代表原初物質歷經腐敗與朽壞，最後被轉化為發光發
　　　亮的黃金。此外，綠意（viriditas）這個字的使用，與中世紀德國神學家及被譽為先知的賀德
　　　佳・馮・賓根（Hildegard von Bingen）關係密切。賀德佳在其作品中廣泛的使用 viriditas 綠的
　　　意象，用以代表精神與身體上的健康，視之為反映上帝之道或神性的本質。榮格在《神祕結
　　　合》（*Mysterium Coniunctionis*）中提及，當一個人勇於經歷個人生命轉化的寂寞旅程，於無
　　　意識的汪洋中，可能發現真正的瑰寶。這瑰寶便是在自性中發現一個內在的親密旅伴，其神
　　　祕而充滿魔力，在個體內心湧出一股祕密的喜悅，猶如發現一個祕藏的春天，許諾生長與豐
　　　收。他以煉金意義上的 benedicta viriditas 來類比此歷程與發現：當原初物質的胚芽成長並盛開
　　　為一種關係，我們從中終於找到自己與超個人性（或說世界魂）彼此間的關聯。綜合前述的
　　　脈絡與意義，譯者以籠罩在生命春天的幸福感，又以光與哲人金的光芒、精神性象徵相關，
　　　故將 benedicta viriditas 譯為「幸福的生命綠光」。

確，這代表有一股朝向精神黑暗深處的趨勢，[113] 而黑蛇正可藉此被吸納。蛇就像基督宗教神學裡的惡魔一樣，代表陰影，且其所涉及的遠超過個人層面，因此最好是將之與法則做比較，例如：邪惡法則。[114] 這是被人類所棄置的巨大陰影，使得我們這時代得承受如此毀滅性的經驗。要容納這陰影於我們的宇宙實非易事。但若抱持只要視而不見就可以避開它的觀點，則是天真過時的想法。這種鴕鳥精神，對邪惡存在的事實，起不了任何作用。邪惡是與善相對的必要存在，沒有它便沒有善的可能。我們甚至無法想像一個沒有邪惡的世界。因此黑蛇之被放在圓圈之外，表現了邪惡在傳統世界觀裡所佔的重要地位。[115]

〔568〕圖五的背景顏色很淡，是羊皮紙的顏色。我在這特地指出，是因為接下來的圖片在背景上有明顯的變化。

圖六（1928 年 10 月）

彩色圖片請見 P. 238

---

113 關於精神的雙重性（煉金術士之**雙重墨丘利**），見〈童話裡的精神現象學〉（The Phenomenology of the spirit in Fairytales）。

114 參見（圖二評述）波墨提及之路西法的熾燄火蛇。

115 參見〈從心理學看三位一體教條〉（A Psychological Approach to the Dogma of the Trinity），第243 段及其後。

〔569〕圖六背景是一片陰鬱的灰。曼陀羅本身則使用最鮮豔的顏色：亮紅、綠與藍。只有在紅色外膜要進入藍綠色內核的交界處，顏色才起了變化：紅色變深為血紅色，淺藍色則變深為海藍色。先前消失的墨丘利的雙翼，重新出現在血紅色的宮頸活塞處（就像之前出現在圖四黑蛇的頸項處）。但最令人驚訝的是卐字的出現，並明顯地向右旋轉（編按：此圖在英文版中即為向左旋轉）。（我需要補充的是，這些圖全都繪於 1928 年，當時世界對這些符號的認識並不廣泛，因此本圖中的符號與當代各種關聯想像〔譯按：意指納粹符號〕毫無關係。）由於卐字以綠色出現，這暗示了與植物相關的屬性，但又同時具有圖五中四個漩渦的波浪特色。

〔570〕這個曼陀羅裡出現了融合對立面的嘗試：紅與藍、外與內。同時，卐字的右旋運動意在上昇至意識的光明面，或許這是因背景變得特別暗而使然。黑蛇消失了，但它的幽暗已經擴散到整個背景中。與此相抵償的，是曼陀羅內一股向上提昇至光明的運動，顯然是要為了將意識從黑暗背景中解救出來。這幅畫與 X 小姐幾天前做的夢相關：她在假期後從鄉村回到都市，驚訝的發現她工作室中央長出一棵樹。她想：「嗯，這樹皮這麼厚，可以承受公寓的高溫。」與樹的連結帶出其所具有之母性意義。夢裡的樹，可以解釋曼陀羅裡出現的植物母題，而其突然的成長代表更高層次的意識，或是右旋運動所促使的意識解放。同樣的道理，這棵「哲學」樹象徵煉金的**功業**，就是我們所謂的個體化歷程。

〔571〕類似的概念也出現在賈斯丁的靈知思想中。天使巴路克代表伊洛西姆的精神，而「母系」天使納斯則代表伊甸的狡點。我在前面說過，這兩位天使同時是樹：巴路克為生命之樹，納

斯為知識之樹。他們的區別與兩極特性，剛好與時代的精神相符（西元二至三世紀）。[116] 但我們從希坡律圖得知，那個時期的人也知道一種個體化歷程。[117] 我們知道伊洛西姆派給「先知」赫拉克力士（Heracles）[118] 的任務，是將「父親」（即精神）自十二名邪惡天使的魔法中解救出來。這便是赫拉克力士的十二項偉業。赫拉克力士的神話具有所有個體化歷程的重要特質：遍及四方的旅程、[119] 四個兒子、臣服於象徵無意識的陰性法則（翁法勒；Omphale），[120] 自我犧牲以及由迪爾奈拉的長袍（Deianeira's robe）所賦予之重生。

〔572〕X 小姐夢中那棵樹的「厚樹皮」暗示了保護機制的母題。在這幅曼陀羅中則以「表皮結構」出現（見以下段落〔576〕），並以黑鳥展開雙翼的守護形象來表現，讓曼陀羅內容物不受外在影響。外圍紅色物質其延伸的宮頸狀活塞造型，為陽具象徵，表示感觸性進入精神的內在空間。這很明顯是為了要活絡與

116　譯註：基督宗教於西元二世紀開始逐漸擴展至地中海盆地、西歐、北非與東方，到了西元三世紀末已成為地中海沿岸最大的宗教。西元二至三世紀間，基督宗教發展出正式的教會架構與教條。此時期的基督宗教逐漸建立自身的認同，開始與前期發展中相關來源的猶太教脫離，乃至於出現反猶太宗教的教義與信仰實踐。因此，與猶太教相關的神話與祕儀、早期聖經經典的審查過濾（例如：偽經的區分），以及諾斯替學派等靈知思想，在這段時間都被排除於正統之外，或被視為異端。賈斯丁在《巴路克之書》中賦予耶穌人性，成為被指定為引導人類昇華的神聖角色；也奠定了天堂天使巴路克與納斯知識蛇的善惡對立，加上人間受知識之惡的籠罩，透過耶穌為人於十字架上受難啟發人性等等，與基督宗教在西元二至三世紀的發展線索類似。

117　《反詰辯》，第五卷，第 26 章，頁 27 後。

118　譯註：赫拉克力士（Heracles）為希臘神話中的半神英雄，其羅馬神話相對應之名稱為赫克力士（Hercules）。

119　《心理學與煉金術》，段落 457。

120　譯註：赫拉克力士因殺害其友人，接受戴爾菲神諭的罰則，成為利底亞（Lydia）國皇后翁法勒（Omphale）的奴隸，被迫著女裝、操作女紅。反之，翁法勒則身披赫拉克力士之戰果——獅子皮，手持他的橄欖木杖。

豐沃位居內部的精神。這個「精神」當然與智性無關，而與我們所謂的精神實體（pneuma），或現代所謂「靈性生活」有關。這背後象徵的思維，無疑地與《克萊門丁‧霍米利斯》（*Clementine Homilies*）講道中所發展的觀點一致，那就是 **精神**（ττνεῦμα）與 **肉身**（σὡμα）之於上帝皆為同一物。[121] 曼陀羅雖只是自性作為心靈的整體性的一種象徵，同時也代表上帝意象：因為眾所周知，中心、圓以及四元一體系統皆為神的象徵。在印度神學裡，從經驗中實際區分「自性」與「神」之不可能，則產生了個人與超個人認同不分的「神我—真我」（Purusha-Atman）。而教會及煉金文獻中，有個常見的引言：「上帝是一中心無所不在、無邊無際的圓（或球體）。」[122] 這個概念，早在先蘇哲學家帕門尼德斯（Parmenides）的思想中被全面發展。以下我將直接引用他的話，因為其中提及與圖六曼陀羅背後相同的母題：「因為較窄的光環[123] 充滿了尚未混合的火，旁邊的則被黑夜所佔據，而兩者間則衝激著火焰。位居這一切的中心，則是對一切發號施令的女神；[124] 因為自始至終，她管轄殘酷的誕生與交配，令女與男交配，又反過來令男與女交配。」[125]

---

121 霍克（Hauck），《新教神學百科》（*Realencyklopädie für protestantische Theologie*），第四卷，頁 173，第 59 行。

122 鮑姆加特納（Baumgartner）追溯此名言出自《赫密士之書》（*liber Hermetis*）（或稱《崔斯莫吉斯諦之書》〔*liber Trismegisti*〕之《巴黎抄本》〔Cod. Par.〕6319 和《梵蒂岡抄本》〔Cod. Vat.〕3060），見鮑氏著作《神學家里耳的亞蘭之哲學與十二世紀哲學之關係》（*Die Philosophie des Alanus de Insulis*），第二卷，第四部份，頁 118。

123 冠狀物＊（Στεφάνια）。
    譯註：＊內文在此中譯為「光環」，係符合帕門尼德斯全文的脈絡，參見以下註釋 125 中之譯註。

124 永遠統治的惡魔（Δαίμων ἡ πάντα κυβέρναι），女惡魔。

125 凱薩林‧弗利曼（Freeman），《先蘇哲學殘篇》＊（*Ancilla to the Pre-Socratic Philosophers*），頁

〔573〕亞歷山大城之克萊門特（Clement of Alexandria）神父曾報告，在某些場合下，埃及神殿內會舉行車輪繞圈的儀式。[126] 對此，博學的耶穌會士尼可拉‧高桑（Nicholas Caussin）解釋，先蘇哲學家德謨克利圖斯（Democritus of Abdera）稱上帝為 νοῦν ἐν πυρὶ σφαιροειδεί[127]——**火球中之心靈**（*mentem in igne orbiculari*）。他繼續說道：「這和帕門尼德斯的觀點一致。帕氏視上帝為

45。

譯註：＊依據本書所收錄內容，帕門尼德斯的理論謂存有（Being 或 Is）為一無限的連續性存在：其中心無所不在，向四面八方無限延伸，沒有開始與結束，也無法被分割與中斷。因此宇宙是一不變動的整體的**當在**，沒有「無」（Nothingness）與「非有」（Not-Being 或 Is Not）可言。榮格的引文，出自帕門尼德斯寫給其學生芝諾（Zeno）的六步格詩。全詩以神話口吻出發，藉天上女神帶領帕氏遨遊天際，讓他親自見證宇宙「真理之道」與「凡夫俗子之宇宙觀」之差異，以悟得真理。引文的內容，屬於「凡夫俗子之宇宙觀」部分，以下為譯者摘要綜合說明：女神說，凡能存在於思想中的，便能成為人所認定的現實，是故女神也告誡帕氏，必須以理性（Logos）摒除關於「非有」的思想。凡夫俗子無法參透存有本身為一整體無限的連續存在，只能透過經驗想像存有，判定「有」必定源於「非有」，因此以為「無」與「非有」、或是會變化的存在是宇宙的本質，而建立了一個對立的世界觀，例如：生成－毀壞、存有－非有、方位或是顏色變化。但這些區分都只是名稱與標籤，錯把經驗裡的世界現象等同於存有本身，這對存有的本質則毫無影響。女神並解釋人類以明（Light）與暗（Dark）兩種對立形式建立其宇宙觀，產生了輕與重等對應的二元屬性。而榮格所引用女神說的這句，剛好是在說明人類對立的宇宙觀下，天體秩序的形成。

126 威爾森（Wilson）譯，《亞歷山大城之克萊門特著作集》（*Writings of Clement of Alexandria*），第二卷，頁 248：「此外，希臘的語法學家狄奧尼索斯‧特拉克斯（Dionysius Thrax）在他的《圓的象徵意義之闡釋》（*Respecting the Exposition of the Symbolical Signification of Circles*）一書中明確說道，『某些象徵性的行動不僅透過文字，也以符號來表示：……就像埃及人在神廟中轉動輪子，以及遞給膜拜者的樹枝。色雷斯的奧菲斯（Orpheus）說：

凡人任務繁多如枝，	For the works of mortals on earth are like branches,
心中所繫唯命運一事，然萬事萬物	Nothing has but one fate in the mind, but all things
如圓循環運轉，不得停滯一處，	Revolve in a circle, nor is it lawful to abide in one place,
但各有其起點與軌道。』」	But each keeps its own course wherewith it began.

【本詩所根據的英譯本是榮格引用德文譯者法蘭茲‧歐弗貝克（Overbeck），並非威爾森之英譯版。──英譯編者按。】

127 赫曼‧第爾司（Diels），《先蘇哲學斷簡殘篇》（*Fragmente der Vorsokratiker*），第二卷，頁 102。伊蒂爾斯（Aetius），《哲學家之見解》（*De plac. phil*），第一部，第 7 章，第 16 段。

στεφάνην──「冠狀」──發光的圓。[128] 而新柏拉圖主義哲學家楊布里科斯（Iamblichus）對這類奧祕亦有清楚說明，像是埃及人經常以端坐於蓮花中的意象，來呈現上帝或宇宙的主宰，這種水生植物的果實與葉皆呈圓形，[129] 從而顯示了心靈本身進行的圓周運動，使它總能回歸自身。」他說，這也是一切模仿天體運行的儀式轉換及環狀軌道（circuitiones）的來源。但斯多葛派學者稱整個宇宙是一個「**渾圓而持續轉動的上帝**」（*rotundum et volubilem Deum*）。[130] 高桑指出，《詩篇》 12:8 的「罪惡之人繞著圈子晃蕩」（In circuitu impii ambulant）指的就是這個觀點；[131] 因惡人只能在圈外遊走，永遠無法趨近神所在的中心。關於曼陀羅象徵中的車輪母題，由於我在其他文章已做過詳盡分析，在此僅順帶提及。[132]

---

128 可參考西賽羅（Cicero）所著之《論神之本質》（*De natura deorum*），（瑞克漢〔Rackham〕譯，頁 31）：「帕門尼德斯……發明了一種長相如皇冠的怪誕幻想之物──名叫**史大芬尼**（*stephane*）──是一個環繞天空、不間斷的發光環，他稱之為神。但無人能想像這東西具有神聖形式或神聖感。」西賽羅這番諷刺之言，說明了他所屬的時代*已離原始意象相當遙遠。

譯註：*西塞羅與帕門尼德斯的時代，相距有四百多年。

129 太陽之子正坐蓮花中心的圖像表達，不計其數。參見阿多爾夫·厄曼（Erman）的《埃及宗教》（*Die Religion der Aegypter*），頁 62，以及《埃及宗教導覽》（*Handbook of Egyptian Religion*），頁 26。同樣的圖像亦可見於諾斯替教派魔法石上的銘刻（《心理學與煉金術》，圖例 52）。蓮花同時是印度教裡的神座。

130 譯註：斯多葛學派此觀點為宇宙統一一元論。整個宇宙便是神，一切萬物因此都是神的一部分，所以又為泛神論。而宇宙不斷轉動，代表不斷處於變化之中；此主張剛好與帕門尼德斯主張的「不動」的、無限連續的宇宙論相反。斯多葛派主張宇宙透過持續變動進行生與滅的變化，以消解物質對立，並藉永恆變化之循環，令萬物不斷自我更新，同時保持整體之永恆，此為宇宙（神）之理性原則，稱為自然。

131 【或如杜威·瑞姆茲版本中之：「惡人四處周旋。」──英譯編者按】

132 《心理學與煉金術》，第 214 段以下。

圖七（1928 年 11 月）

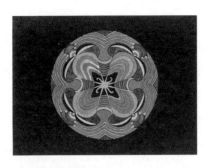

彩色圖片請見 P. 239

〔574〕圖七完全轉向黑夜：曼陀羅畫在一張黑紙上。光線全集中在球體上。色彩的明度變低，但因此顯得飽和度較高。引人注目的是，背景的黑一路滲進中心，之前我們擔憂的事便發生了：蛇的幽暗面與陰沉的周遭，已完全為核心所吸收；同時，如圖所示，其補償是一道道由中心向外放射的金色光芒。光芒形成一等臂十字架，取代了圖六的卐字；而卐字也被簡化為四個暗示右旋的鉤子（編按：此圖在英文版中即為向左旋轉。）。全然的漆黑，特別是深入中心地帶的黑暗，中止了可能的上昇與右旋運動。另一方面，墨丘利的雙翼發生了明顯的分化變異，這或許意謂球體已有足夠能力維持其飄浮狀態，不被黑暗吞噬。構成十字架的金色光線，緊緊繫住四臂。[133] 這在內部形成鞏固十字的緊密聯結，以抵禦滲入核心的黑色物質之破壞力。[134] 對我們西方人來說，十字架始終與**受**

133　這個詮釋，已由布提亞巴士提寺院之住持，即我的西藏精神導師——林達姆‧葛木臣（Lingdam Gomchen）仁波切所證實：他說，卐本身是「打不破、分不開與毀不了的。」這相當於曼陀羅內在之整合與鞏固。

134　類似的母題意象，可以在《觀無量壽經》（*Amitāyur-dhyāna Sūtra*）的曼陀羅中看到，參見

難相關。據此，我們可以說圖七的情緒，是一種懸於內在孤寂深淵之上的痛苦——別忘了那些翅膀！

〔575〕稍早，我提及波墨的閃電火花上昇時「形成十字架」（譯按：見圖二分析），並將十字架與四元素連結。事實上，約翰·狄（John Dee）就以等臂十字架來象徵四元素。[135] 如之前所說，十字架中間加上一個圓圈，在煉金符號裡代表**銅**（*cuprum*，源自塞浦路斯的愛與美之女神〔Kypris〕——阿芙蘿黛蒂〔Aphrodite〕），而金星的符號則是 ♀。特別的是，⊕ 是古代藥劑師用以代表 *spiritus Tartari*（酒石酸）的符號，其直譯為「地獄精神」（spirit of the underworld）。 ⊕ 也是赤鐵礦（又稱血石）的符號。看來，十字架似乎不僅像波墨與我們的曼陀羅所顯示的，來自於上方，亦來自於下方。換句話說，閃電——依循波墨的意象——亦可出自於下方的血，亦即來自金星或地獄塔塔入斯。一般而言，波墨理論裡中性的「硝鹽」等同於鹽，其代表符號之一為 ⊕。沒有比這符號更適合用來象徵神祕物質的了，而鹽對十六、十七世紀的煉金術士，便是如此奧祕之物。不論在教會系統或煉金術裡，鹽皆象徵智慧（Sapientia），也適用於傑出或中選之人，就如《馬太福音》（Matthew）5:13 所言：「你們是大地之鹽。」

〔576〕圖七曼陀羅的波狀線條或層次，可以看成是抵禦外來影響的**皮層**結構。它們對曼陀羅內部的整合有同樣的作用。這些皮質狀的結構，或許與工作室中長有「厚樹皮」的樹的夢有關。

〈東方冥想的心理學〉（The Psychology of Eastern Meditation），段落 917 與 930。

135　〈單一體象形符號〉（Monas Hieroglyphica），收錄於《化學劇場》（*Theatr. chem.*, 1602），第二卷，頁 220。狄也將十字架與火相關聯。

皮層結構也出現在其他曼陀羅圖中，代表抵禦外界的硬化或隔絕機制，就像果皮或毛皮（hide）。這種現象，或許可用來說明卡巴拉宇宙論的皮質或**硬殼**（*putamina*；「碎片」）。[136]「因為這是對那些被拒於聖潔之外者的稱呼」，像是七個墮落的國王與四界（Achurayim）。[137]「硬殼」（klippoth）或皮質便從這些產生。這些碎片，就像煉金術裡殘餘的礦渣，其特質為死亡與數量繁多。圖七曼陀羅的皮質層，是劃分內在一體性與外界的邊際線，這讓以蛇的意象表現的外在黑暗勢力，無法影響與瓦解內在。[138] 同樣的母題，也表現在蓮花瓣和洋蔥皮圖像：外層雖枯萎乾燥，但保護了濕潤柔軟的內層。對於幼年荷魯斯（Horus-child）、印度教神祇

136　【參見〈答約伯〉，收錄於《心理學與宗教》，段落 595，註釋 8。——英譯編者按。】

137　七國王指的是之前的紀元，是「崩壞」的世界，而四界是所謂「上帝之背」：「一切皆屬於王國（Malkhuth）；之所以名為王國，乃因它是流溢世界（Aziluth）系統裡的最後一個……它們存在於上帝居所（Shckinah）深處。」（《卡巴拉揭祕》〔*Kabbala Denudata*〕，第一部，頁 72）它們（譯按：指四界）形成陽性-陰性的四元一體系，分別為：「至高的父與母、智者以色列（Senex Israel）以及特赫納（Tebhunah）」（第一部，頁 675）。智者（Senex）意指無限（Ain-Soph）或凱特（Kether）*（第一部，頁 635），特赫納則等同賓納（Binah）**（第一部，頁 726）。碎片也意謂不潔的靈魂。

譯註：

* 凱特：生命之樹至高質點，神聖冠冕之意；為單一、無限之能量或光輝。在卡巴拉宇宙論裡為原始能量，萬物由其所造。

** 賓納：生命之樹第三質點，理解之意；為宇宙第一個原始陰性能量。賓納承接第二質點（智慧）遍佈宇宙的熾熱動能，將其冷卻、滋養，並以之造就多元的存在形式。物質世界是繼賓納之後才開始的，因此賓納又與「受難」這個概念相對應，象徵天上之母誕生世界，後者自此脫離神聖領域。

138　《卡巴拉揭祕》（1, pp. 675L），碎片也代表邪惡。（《光輝之書》〔*Zohar*〕第一卷，137aff.；第二卷，34b.）。根據十七世紀基督教的一個詮釋，亞當·彼列（Adam Belial）為彌賽亞之肉身，為「碎片之完整身軀或宿主」。（參見《哥林多後書》6:15）由於人的墮落（the Fall），大量碎片侵入亞當體內，外層較內裡感染更嚴重。「基督之魂」（Anima Christi）與之戰鬥，最終消滅了那些象徵物質的碎片。與亞當·彼列相關的文本指的是《箴言》6:12：「無賴之人，邪惡之徒，動則以乖僻之口」（欽定版聖經）。（《卡巴拉揭祕》，第二卷，附錄，第 9 章，第 2 節，頁 56）

以及佛陀在內他們所坐的蓮花座，都應這樣來理解。詩人賀德齡
（Hölderlin）也運用了同樣的意象：

> 無命運牽絆，猶如沉睡
> 嬰孩，天神們氣息安詳，
> 聖潔地被守護
> 謙卑蓓蕾中；他們的精神
> 永恆綻放…[139]

〔577〕在基督教的隱喻裡，瑪利亞是一朵花，而上帝藏於其
中；或以玫瑰窗象徵瑪利亞，**榮耀之王**（*rex gloriae*）與世界的審判
者加冕於其中。

〔578〕波墨的思想也暗示了環形層的概念，他的立體曼陀
羅[140]最外一環，稱為「魔鬼路西法之意志」、「永恆的深淵」、
「黑暗深淵」、「魔鬼之地獄」等等。（見圖例 1）波墨在《曙
光》（第 17 章，第 6 節）寫道：「看哪，當路西法和他的軍
隊，燃起了上帝憤怒之火，這次在大自然裡放縱怒火的便不是路
西法，而是上帝。他於自然的外圍所誕生的，擁有另一種屬性

139　〈海波利昂的命運之歌〉（Hyperion's Song of Fate），收錄於《詩歌》（*Gedichte*），頁 315。
　　（英譯同榮格之《轉化的象徵》〔*Symbols of Transformation*〕，頁 399。）

140　關於「精神與自然之生命」* 的整體觀，波墨說：「我們可以將之比作球狀輪，四方皆有輪
　　子，如《以西結書》中所示。」（《天地之奧祕》〔*Mysterium pansophicum*〕，《波墨全集》
　　〔*Sämmtliche Werke*〕，席卜勒〔Schiebler〕編，第六卷，416 頁）譯註：* 在《天地之奧祕》
　　中，波墨所謂「精神生命」（spirit-life）指的是上帝；而「自然生命」（Nature-life）指的是
　　上帝顯化於自然之中的本質（Essence）。因此，「精神生命」包含整個「自然生命」，反之
　　則否。兩者各有其奧祕（Mystery）與運行原理：「精神生命」面向內，以光為運行原理，
　　產生水，制衡火；而「自然生命」則朝外，以火為運行原理。兩種生命雖原理與運行方式不
　　同，卻來自單一源頭。

（Quality），是全然憤怒、乾枯冷酷，激忿且尖酸刻薄。這狂暴的精神，將自然中曾有的細膩與溫和特質，在其外層變得狂妄兇惡，稱之為風，或是氣（Air）元素。」藉這樣的收縮與乾燥程序，四元素就此產生，特別是土元素。

〔579〕雖然波墨對卡巴拉的認識不及帕拉賽瑟斯，但這裡面可能有卡巴拉的影響。他視卡巴拉為一種魔法。四元素與卡巴拉的四界相對應。[141] 它們形成了第二重的四元一體系統，此系統由內而生，既是精神性的，又同時具物質性。煉金師們的作品也暗示了四界。例如，曼能斯（Mennens）[142] 就說：「雖然上帝的聖名以四字形字母（Tetragrammaton）透露，正確來說其中只有三個字母。字母 **he** [ה] 出現了兩次，意指空氣與水，都象徵聖子；土象徵聖父，而風象徵聖靈。所以上帝名字裡的四個字母，明顯地代表神聖三位一體與物質，也同樣是**三重性**（*triplex*）[143] ……，也被稱為其（即上帝）影子，並被摩西（Moyses）[144] 稱為**上帝之背**（*Dei*

141　《神學問題》（*Quaestiones Theosophicae*, Amsterdam edn., 1682），23 頁。《曙光》第 17 章，第 9 節，168 頁，提及：「七個精神，在他們誕生的最外層點燃自己。」他們是上帝的精神，是永恆自然的「精神泉源」（Source-Spirits），對應著七大行星，並形成「中心之輪」（Wheel of the Centre）（《萬物的象徵》，第九卷，註釋 8，頁 60）。這七個精神，為前述之「屬性」（Qualities），皆來自同一母親。她是「善與惡的雙重泉源」（《曙光》，頁 27）。參見帕門尼德斯宇宙論詩歌中的「女神」，以及賈斯丁靈知論裡的雙身伊甸。

142　博學的荷蘭煉金術士基利艾莫斯‧曼能斯（Gulielmus Mennens, 1525–1608），寫了一本《金羊毛或三本精彩之神聖哲學、自然與藝術書》（*Aurei velleris, sive sacrae philosophiae, naturae et artis admirabilium libri tres*, Antwerp, 1604）。收錄於《化學劇場》，第五卷，頁 267 起，1622。

143　「因此上帝同為三與一，而他用以造出萬物的物質，也同時為三與一。」* 這種四元一體的煉金觀，等同於心理學中，意識與無意識功能的三合關係。參見〈童話中的精神現象學〉，段落 425 與 436 後。
　　譯註：* 這相當於煉金術瑪麗亞公理中，所謂「自三之中生成一，是為第四。」的謎題。榮格在〈童話中的精神現象學〉裡認為，三在生出第四（fourth）的同時也達至了一體性（unity），而一體是為一（one），所以第四即為一。

144　曼能斯似乎不是直接提及卡巴拉，而是一段據說由摩西所寫的文字，但我找不到這段文字。

posteriora），似乎是從物質（matter）中創造出來的。」[145] 這番話證實了波墨的觀點。

〔580〕回到我們的曼陀羅。原先圖五的四個漩渦，被合併為圖七中間四個波狀方塊。它們的地位，則被圖六外圈所發展出的金色點取代，在此金點散發出七彩虹色。這些是**孔雀之眼**的顏色，在煉金術所謂的**孔雀尾巴**（*cauda pavonis*）階段，扮演重要角色。[146] 在**煉金功業**中，這些顏色在最終結果發生前的中間階段出現。波

這裡指的當然不是貝斯洛收錄於《古希臘煉金術士合集》（*Alch. grecs*, IV, xxii）中的〈摩西的化學〉（Chimie de Moise）。摩西在古代煉金術文獻中常被提及，里翁列·杜·弗瑞諾（Lenglet du Fresnoy）在其著作《赫密士哲學的歷史》（*Histoire de la philosophie hermétique*, 1742），第三章第 22 頁第 26 條引文中，便引用了維也納圖書館藏的手抄文，名為：〈先知暨希伯來人立法者摩西的化學祕密〉（Moysis Prophetae et Legislatoris Hebraeorum secretum Chimicum）（假想之摩西著作）。

145 《金羊毛或三本精彩之神聖哲學、自然與藝術書》（*Aurei velleris*），第一卷，第 10 章，收錄於《化學劇場》，第五卷，頁 334 起。

146 昆拉特（Khunrath）視**孔雀尾巴**為希臘神話中的彩虹女神伊麗絲（Iris），是「神的信使」（nuncia Dei）。多恩（Dorn）（見〈論金屬之嬗變〉〔De transmutatione metallorum〕，收錄於《化學劇場》，第一卷，頁 599）對此解釋如下：「這是一種在夜間飛行的無翼鳥，持續的上升與下降，天上的初露將之變成**烏鴉之首**（*caput corvi*）*，再變成孔雀之尾，然後它獲得天鵝閃亮的雙翼，最後變成鮮紅色，是它熾熱本質的標誌。」對巴希利底斯（Basilides）** 而言（見希坡律圖，《反詰辯》，第十卷，第 14 章，第 1 段），孔雀蛋代表**宇宙之精子**（*sperma mundi*）、芥菜種（κόκκος σινάπεω）***。其中含有「完整色彩」，一共有 365 色。根據魔法醫療事典《氰化物》（*Cyranides*）（德雷特〔Delatte〕，《氰化物相關之拉丁與古法與文本》〔*Textes latins et vieux français relatifs aux Cyranides*〕，頁 171），金色應從孔雀蛋中誕生。穆罕默德之光呈孔雀形，而天使由孔雀汗珠所成（阿普托維澤〔Aptowitzer〕，〈阿拉伯猶太人之創造論〉〔Arabisch-Judische Schopfungstheorien〕，頁 209、233）。

譯註：

* **烏鴉之首**屬於煉金術第一階段，黑化。以「烏鴉」來指稱黑化，可能與其為黑色且食腐肉有關。關於斬首用於指稱黑化，榮格稱「斷頭在象徵將『理解』與大自然加諸靈魂的『巨大苦難與悲傷』分離上，具有重要意義。這意謂將『思維』從腦袋中解放，讓靈魂脫離『自然的束縛』。其最終目的，如多恩所說，是在克服肉體的歷程中產生一**精神合體**（*unio mentalis*）」（《神祕結合》，段落 14）。

**巴希利底斯為希臘諾斯替教派學者。

*** **芥菜種**在聖經裡一共出現了五次，首次出現是在《馬太福音》13 章裡關於天國的比喻。芥菜種子雖小卻可成長為大樹，用以比喻天國的無限都濃縮在一粒渺小的種子中。

墨的說法是，有一種「愛之欲（love-desire）或色彩之美；所有顏色在此一起出現。」[147] 圖七的曼陀羅也是如此，彩虹從代表感觸性的紅色層冒出。關於在「球狀輪」中合一的「自然與精神的生命」[148]，波墨說道：「如此，我們認識到自然之一種不變的本質，與水和火一樣，即使兩者混在一起其本質不變。這產生了一種明亮的藍色，猶如火迸出之閃電；接著，它變成紅寶石[149]與水晶礦融合而成之新精髓，或者像黃、白、紅，及藍在深暗水中混合：這就像存在綠色之中的藍，由於各自保有其亮度與光澤，且水只抗拒其火，所以沒有任何消耗的問題。有的只是兩種奧祕交融一起這不變的本質——即使這兩個原理不同，為兩種不同的生命。」這些色彩之可能，完全歸功於「偉大奧祕的想像力，一個奇妙的自然本質生命（essential Life）在其中誕生。」[150]

〔581〕至此可以清楚看出，波墨所全神貫注的，是同樣令 X

147　波墨，《萬物的象徵》，第十四卷，段落 10 起，頁 112 以下。

148　見註釋 163。

149　石榴石與**哲人石**（原石）同義。「國王閃亮如石榴石」（出自哲學家立流斯〔Lilius〕，見〈哲人玫瑰園〉〔Rosarium philosophorum〕引用之古源，收錄於《黃金的藝術》〔*Art. aruif*, 1593〕，第二卷，頁 329）。「大地裡……一道光，以石榴石之姿凝聚於自身後，在黑暗中閃耀」（這是米開爾・邁爾對中世紀哲學家聖托馬斯・阿奎那〔St. Thomas Aquinas〕理論之闡述，見邁爾之著作《金桌的象徵》，頁 377）。「我發現了一種石頭，紅色、閃亮、透明且燦爛。在那之中，我看到所有元素的一切形式，也見到它們所有的對立面」（見密流斯〔Mylius〕，《改革哲學》〔*Philosophia reformata*〕頁 42 所引用之聖托馬斯的話）。因為天堂、黃金與石榴石，與煉金最終階段之**紅化期**為同義字，見前述文本頁 104。原石「發出石榴石的光芒」（昆拉特，《論自然最初混沌》，頁 237）。紅寶石或石榴石代表**榮耀之身**（*corpus glorificatum*）（葛勞伯〔Glauber〕，《論鹽之本質》〔*Tractatus de natura salium*〕，第一部，頁 42）。在玫瑰十字會的《化學婚配》（1616）中，維納斯的臥房便由石榴石所照亮（頁 97）。參見註釋 48 關於 anthrax 的說明與內文（紅寶石與硃砂那部分）。

150　波墨，《天地之奧祕》*，頁 416 起。
　　譯註：* 有關榮格此處引用波墨之「精神」與「自然生命」、奧祕、本質，及水與火之脈絡與意義，參見註釋 140 之譯註對《天地之奧祕》的簡介。

小姐與我其他病人一樣著迷的心靈現象。雖然波墨借用了煉金術的**孔雀尾巴**與四分法概念，[151] 但他的工作和煉金術士一樣，都奠基於經驗，如今這些經驗法則重新被現代心理學發現。我們在積極想像與夢境的產物裡，看到同樣的經驗模式與結構的自然發生，完全不受外在影響左右。以下這個夢便是一例：一位患者夢見她在會客室。裡面有一個大桌子，桌邊有三張椅子。一個不知名的男人站在她身邊，請她坐下。為此她走到會客室另一頭去拿了第四張椅子來。她在桌邊坐下，並開始翻閱一本書，裡面有藍與紅方塊的圖案，像是堆積木遊戲。突然她想到她另外有事。她離開會客室去一間黃色的房子。戶外正下著傾盆大雨，她便在一棵綠色月桂樹下躲雨。

〔582〕桌子、三張椅子、就座邀請、需要特地張羅以便構成四張的另一把椅子、方塊，以及堆積木遊戲，這些都暗示了一種**組構**（composition）的過程。過程分階段發生：一開始是藍與紅的組合，接著是黃與綠。如之前的討論，這四種顏色象徵四種特質，有各種可能的詮釋。就心理學的角度，這個四元系統所指的是意識四種傾向的功能，[152] 其中至少一項屬於無意識領域，無法被有意識地運用。在我們的例子中，這指的應是綠色，即感官功能，[153] 因為患者與現實世界間的關係，異常複雜與笨拙。然而，正因「劣勢」功能本身無意識性，反倒有容易沾染集體無意識的優勢，成為橋接意識與無意識之鴻溝的最佳角色，重建彼此關係。此夢境以月

---

151 **孔雀尾巴**的化學肇因，可能是熔融金屬表面的虹彩光澤，和某些含汞與鉛的化合物產生的鮮豔色彩。這兩種金屬常用為主要原料。

152 譯註：見註釋 82。

153 至少就統計數據來看，綠色是與感官功能相關。

桂樹象徵弱勢功能，還有更深一層的原因。本案的月桂樹與 X 小姐夢裡那棵長在屋子中間的樹，同樣都象徵內在成長歷程。這其實就是我在《心理學與鍊金術》（*Psychology and Alchemy*）裡討論過的，鍊金術裡的**哲學樹**（*arbor philosophica*）。[154] 我們也別忘了，月桂樹在傳統裡被視為不畏閃電或寒冷的打擊，「它屹立不搖獲得勝利」（intacta triumphat）。因此它被視為童貞瑪利亞的象徵，[155] 是所有女性的典範，就像耶穌基督是所有男性的典範。鑑於歷史的詮釋，月桂樹有如一棵鍊金樹，在此脈絡下應被視為自性的象徵。[156] 能做出這類夢境的病人，其內在之純真令人讚嘆。

〔583〕回到圖七，流至活塞處的金色線條，重複強調精子的母題意象因而象徵精液。這暗示了中央的四元體將以嶄新與更具體的形式誕生。由於四元體系與意識的實現有關，我們可從這些徵兆推斷後者活動的頻繁密集。自中心四射的金色光輝也有此暗示。這或許意謂一種內在啟示的發生。

〔584〕X 小姐在畫出圖七的前兩天，夢到她在鄉間家裡的父親房間內。「但是我媽媽把我的床從靠牆的地方移到房間中間，自己睡在上面。我氣壞了，把床又移回原先位置。夢裡面的床單是紅色——和我複製在畫裡的紅一模一樣。」

〔585〕在她上個夢中的樹所具有的母親意義，在此被無意識所接管：這次，她母親睡在房間正中央。對 X 小姐來說這是對她個人空間的侵犯：父親的房間象徵她的私人空間，而父親對她具

154　【亦參見榮格著，〈哲學樹〉（The Philosophical Tree）──英譯編者按。】

155　「可愛的月桂樹，全身皆常綠，佇立在眾多被閃電襲擊的樹之間，身上刻著：『它屹立不搖（untouched）獲得勝利。』類似比喻也用於童貞瑪利亞，形容她在萬物裡獨樹一幟，不受任何罪孽玷污。」（平切內利〔Picinelli〕，《象徵的世界》〔*Mondo simbólico*, 1669〕）

156　參見〈神靈墨丘利〉，段落 241。

有阿尼姆斯的意義。她的空間因此是一精神領域，她佔據其中就如她佔用了父親的房間。她因此與「精神」認同。她母親進入這空間便是侵犯，還將自己安置於房間正中央，最初是以樹的意象出現。母親在此代表與精神相對立的自然（physis），亦即生理上的陰性（the natural feminine），而這也是 X 小姐的生理本質，但因它以黑蛇的形象出現而讓她無法接受。雖然 X 小姐馬上將床歸位，糾正入侵產生的問題；但如圖七所示，陰性的幽冥法則與黑暗物質，終究滲透進入曼陀羅的核心。但正因如此，金色光芒得以輝現：「自黑暗中透出的光！」我們得將母親與波墨的母體（matrix）概念做連結。對他而言，母體是一切差異化與實現的**必要條件**。缺乏母體，精神將處於懸空狀態，無法降臨大地。父性與母性原理（精神與自然）的碰撞，作用驚人。

〔586〕畫完圖七後，她對紅色再度引發的感觸感到不安。同時她發現，跟作為她治療師（＝她的父親）的我擁有「融洽的關係」，讓她感到不自然與醜陋。她說，她賦予自己過於其實的重要性，扮成聰慧理解的學生（篡奪了精神位置！）。不論我看法如何，她不得不承認對自己行徑感到可笑，愚蠢至極。承認了這事實，反令她如釋重負。也幫她看清了性「既是生殖的機制，也是激情的表現，更只是單純的自體生理慾望（autoerotic）。」這遲來的領悟，讓她陷入一連串的情慾想像中。最終，她有了一隻降臨地球的鳥的意象出現，她稱為「大地鳥」（earth bird）。鳥是天上的生物，象徵精神。這意象代表她精神性的自我，被轉化為較貼近大地，較多的女性特質。最後補充的這個意象，確認了我們前面關於四漩渦停止激烈的上升與右旋運動的猜測：這隻鳥降臨大地，腳踏實地了。這個象徵，意謂對波墨所稱的「愛之欲」做出進一步且必

要的區分。透過這個分別，意識不僅變得開闊，也被迫面對現實，如此內在經驗才能夠專注於明確之處。

〔587〕接下來的幾天，X小姐被自憐的情緒所淹沒。她清楚意識到自己對從未生小孩這件事，充滿了懊悔。突然間她變成一個被冷落的小動物或迷失的小孩。這種情緒進而變成一種**悲憫世間**（*Weltschmerz*）的習性。她覺得自己像「慈悲如來」（all-compassionate Tathagata）（佛陀），唯有完全面對與接受這些感受，她才有辦法開始進行下一幅畫。真正的解脫，只能來自徹底經歷痛苦感受，掩飾與壓抑無濟於事。

圖八（1928 年 11 月）

彩色圖片請見 P. 240

〔588〕圖八給我們的第一個強烈印象，是內部幾乎被黑色物質所填滿。圖七中央藍綠的水色，在這裡被濃縮為深藍色的四元體，核心的金色光芒以逆時鐘方向旋轉：這隻鳥降落大地了。也就是說，曼陀羅開始轉向黑暗，朝幽暗深處運轉。曼陀羅仍懸浮著──圖中墨丘利的翅膀清楚顯示──但它也更加趨近黑暗。內部未分化的四元體，由分化的外部四元體所平衡。X小姐視外部之四

元為意識的四種功能，分別以四種不同顏色來代表：黃色＝直覺，淡藍色＝思考，粉膚色＝情感，棕色＝感官。[157] 四個象限又各自被分為三部分，這裡再度出現了數字 12。兩個四元體的分割與彼此特性的差異值得注意。有翅膀的外部四元體，是未分化的內部四元體其分化之實現，[158] 這其實代表了原型。在卡巴拉思想裡，這種關係一方面對應莫卡巴（Merkabah）[159] 的四活物戰車，另一方面對應四界，在波墨思想裡則對應上帝的四精神[160] 與四元素。

〔589〕曼陀羅中央植物造型的十字，指的是樹（「十字樹」）[161] 與母親，[162] X 小姐對此也有所觀察。她清楚表示，之前被她視為禁忌的元素，在此已被接納並佔有中心位置。她非常清楚地意識到這點，這與之前的態度相比，是一大進展。

〔590〕與上一張圖相較，圖八內部不再有所謂的皮質保護層。由於皮質層原本要抵禦的黑暗，如今已存在中間，抵抗是多餘的，因此這是合理的發展。取而代之的是，皮質層化為金色環狀波浪，由中心往外擴散至黑暗中。這意謂封閉的自性對環境散發出深遠影響。

157　在其他人的曼陀羅裡，對應感官的顏色通常是綠色。

158　參見圖七有關四界之討論。

159　四活物形成之火戰車，出現在以西結的靈視中，這四張臉分別為人（Chochmah）、鷹（Binah）、獅（Gedulah）與公牛（Gebhurah）。

160　波墨以行星為上帝四精神命名，分別為木星、土星、火星、太陽。他並描述它們為「四大警衛，在母親——即分娩者——的政府中掌權」。「精神的誕生從這四者中成形，亦即內在與外在皆真實的精神」（《萬物的象徵》，第九卷，第 9 節，頁 61）。

161　譯註：這裡的樹一方面指之前 X 小姐夢裡的樹。另一方面也指向圖二中的閃電，與波墨四元一體系統（見圖例 1）裡的閃電火光之關聯：當閃電火光吸收了四精神或四元屬性，從中央誕生了十字架（stock：意指樹或魔杖）（參見註釋 29）。

162　有關樹與母親，特別是在基督教傳統中兩者的關聯，在《轉化的象徵》第二部分中有詳盡討論。

〔591〕在畫出圖八的四天前，X小姐有如下的夢：「我把一個年輕男子拉到窗邊，用蘸有白油的筆刷，將他角膜上一個黑斑點掉。他瞳孔中央出現一盞金色的燈。年輕人頓時鬆了口氣，我告訴他要繼續再來治療。夢醒時我說出：『只要你的眼是單一的，全身將充滿光。』」（《馬太福音》6:22）

〔592〕這個夢顯示一個改變：X小姐不再與她的阿尼姆斯認同。由於夢裡的男人有眼疾，可以說阿尼姆斯反倒成為**她的**病人。事實上，阿尼姆斯看事情的角度經常都是「斜視」的，而且不清不楚。如夢裡所顯示，角膜上的黑斑，阻礙瞳孔內金色光芒的放射。他「將事物都看得太黑暗了」。眼球是曼陀羅的原型，這明顯可自波墨看出，他稱他的曼陀羅為「哲學球，或是永恆的驚奇之眼，或是智慧之鏡」。他說：「靈魂的實體與意象可能與地球類似，會長出美麗的花朵，也和火與光類似；就我們所見的，地球是一個中心，但不具生命；但它的存在是必需的，美麗花朵從它之中長出，與地球毫不相同……但地球是花之母。」靈魂是「熾熱的眼，類似第一原理」，[163] 是「自然的中心」。[164]

〔593〕圖八的曼陀羅就是一隻「眼」，其結構象徵無意識裡的秩序中心。眼睛是一空洞球體，黑色內裡，由玻璃體這種半液態物質填滿。外觀上，我們見到一個圓形、彩色的表面——虹膜，金色的光芒從中閃耀。波墨稱之為「熾熱的眼」，這與視覺來自於眼睛發射流出的古老觀念一致。眼睛很可能就代表意識（其實只是一個知覺器官），窺看它本身的內在光景。在那它照見自己的光，當

163　譯註：波墨的「第一原理」代表黑暗國度，亦即地獄：誕生於上帝的意志，是處於永恆憤怒之火中的自然。所以此處描述靈魂（熾熱的眼）類似第一原理。參見圖例1的討論。

164　波墨，《關於靈魂的簡扼摘要附錄》（*A Short Summary Appendix of the Soul*），頁117。

這一切變得透徹清晰，全身因此充滿了光。意識在某些狀況下具有淨化的作用。這可能是《馬太福音》第 6 章第 22 節的意思，《路加福音》11 章 331 節則更清楚地表達同樣的想法。

〔594〕眾所周知，眼睛也是代表上帝的符號。因此波墨稱他的「哲學球」為「永恆之眼」、「一切本質的精髓」，以及「上帝之眼」。[165]

〔595〕可以確定的是，X 小姐雖然接受了黑暗的事實，還未將它轉變為光明，但她在漆黑中點燃了火光，從內照亮黑暗。白晝不需燈火，若你不知現在是夜晚就不會點燈，而除非你經歷過黑暗的恐怖，沒有一盞燈會為你點燃。這不是什麼教誨人心的話，只是關於心理事實的一項陳述。圖七到圖八的轉變，能讓人對我所謂「接受黑暗法則」是什麼意思，有實際的概念。有反對者認為，沒有人能對這有具體清晰的想法，這點令人遺憾，因為這是首要的倫理問題。那麼，在這我提供了實際「接受」的例子。至於這歷程中涉及的道德面向，我就留給哲學家去釋疑。[166]

165　波墨，《關於靈魂四十問》，頁 24 起。

166　我自認不夠格來談論「崇敬的大自然」（venerable Mother Nature）的道德行為義務是什麼，以便綻開她珍貴的花朵。有些人做得到。而那些性情使然，感到自己有此道德義務的人，必得這麼做以滿足其他有同感的人。艾瑞希・諾伊曼（Erich Neumann）對這些問題，在他《深度心理學與新倫理學》（Tiefenpsychologie und Neue Ethik）一書中，做了許多有趣的討論。有人會認為我對自然的尊重是缺乏倫理價值觀的態度，不過是在避免做「決定」。會這樣想的人，顯然對於善與惡瞭如指掌，也完全知道我們該做什麼決定以及其理由。不幸的是，我沒有這樣精確的認識，但我希望對我的病人以及我自己，這一切，不論光明與黑暗、決定與痛苦的懷疑，最後都能變成「好事」（good）——我指的是我在這所描述的心理發展，一種內在逐步的拓開，不傷及其中任何一方，但保留了生命的可能性。

圖九（1928 年 11 月）

彩色圖片請見 P. 241

〔596〕在圖九的紅色背景裡，我們首次見到 X 小姐所稱的藍色「靈魂之花」（soul-flower）（自然她還不知道波墨）。[167] 依她所說，花的中心是形狀為一盞燈的金色光。皮質層次非常鮮明，但它們由光所組成（至少曼陀羅上半部如此）並向外放射。[168] 光芒的色彩由日昇的七彩虹光組成；它是真正的**孔雀尾巴**。曼陀羅有六道光束，這讓人想起《巴利文大藏經》裡，佛陀以布衣比喻的講道：

> 彼以慈心遍滿一方而住之，如是，於二方、三方、四方、上、下、橫、遍一切處、全世界，以廣大、廣博、無量、無恚、無害之慈心遍滿而住之；以悲心……乃至……以喜心……以捨心遍滿一方而住之，如是，於二方、三方、四方、上、下、橫、遍一切處、全

167　《金花的祕密》當時還未出版。圖九被收錄於其中。

168　參見《卡巴拉揭祕》，附錄，第 4 章，第 2 節，頁 26：「萬能無限的神，透過第一人亞當所創造的眾生，皆為靈性的存有。亦即，他們皆為簡單、閃亮的角色，自成一體，參與了一個可被視為球體中點的存在，並分享一個可被想像為光芒四射之球體的人生。」

世界，以廣大、廣博、無量、無恚、無害之捨心遍滿而住之。[169]

〔597〕然而與東方佛教間的相似性，無法用於解釋整個曼陀羅，因為曼陀羅被分為上下兩半部。[170]上半部為七彩虹光形成的圓環；下半部由棕色的大地構成。正上方有三隻白鳥飛翔（**精神**〔*pneumata*〕，象徵三位一體）；下方有一隻上升中的山羊，兩邊伴隨兩隻渡鴉（沃坦〔Wotan〕的鳥）[171]與交纏的蛇。這不是佛教聖人會畫出來的圖，而是出自受基督教薰陶的西方人之手，其光線投下巨大陰影。更有甚者，這三隻鳥盤旋在漆黑的天空裡，而從深棕大地上升的山羊，其背景為明亮的橘色。奇特的是，亮橘色正是佛教和尚袈裟的顏色，這當然不是 X 小姐的意圖。這背後的思維很清楚：沒有黑就不會有白、神聖之可能在於魔鬼的存在。對立面有如一對兄弟，而東方人則企圖透過**無諍**（*nirdvandva*）與**非此亦非彼**（*neti neti*）從中解脫。或者，他們會採取像道家的奧祕方式，容忍對立面的存在。從曼陀羅裡四個出自《易經》的卦象，可看出 X 小姐刻意地強調與東方的關聯。[172]

〔598〕左上方的卦象為「豫卦」[173]（第十六卦），意謂「大

169　〈布論經〉*，出自《巴利藏經 中部經典》，第一卷。此處指涉佛陀並非偶然，因為如來蓮中坐的意象，多次出現在 X 小姐的曼陀羅中。
　　譯註：* 本段中譯採用元亨寺版《漢譯南傳大藏經》，元亨寺妙林出版社，1995。

170　西藏曼陀羅沒有這麼鮮明的分裂，但它們經常被鑲嵌於天堂與地獄之間，也就是介於仁慈與憤怒的神靈之間。

171　這是下半部用以對應上半部精神三位一體的版本，就像惡魔有時候被形容有三個頭一樣。參見〈童話中的精神現象學〉，段落 425、436。

172　衛禮賢、貝恩斯聯合翻譯，1967，頁 67。

173　譯註：豫有安樂歡愉之意。豫卦由震卦和坤卦組成，上「震」下「坤」。「震」為雷，「坤」為地，所以稱「雷地，豫」。比喻大地春雷，驚起萬物，欣欣成長，生意盎然。有順應時勢之意。

地雷鳴」，亦即，來自無意識的運動透過音樂與舞蹈表現。孔子如此論道：

堅如磐石，何需耗費終日？

決斷為何顯而立知。

才智高人同時知曉隱微與顯著之事。

他懂得柔軟與剛強之道。

因此受眾人景仰。

歡愉雖可是美好之源，亦可愚人。[174]

〔599〕上半部第二個卦象為「損卦」（第四十一卦）。其上卦為艮，山的意思；下卦為兌‧水澤之意。山高聳於上，而下方的水澤約束了它。這是「自我克制」與保留的意象，就表面上看，彷彿是自我減損。對照歡樂的「豫卦」，這意義重大。卦象頂端的上九，其爻辭「但【一個人】不再另有歸屬」，[175] 意指四海為家的僧侶。從心理學層面來說，這並不意謂斷然的遺世獨立，而代表 X 小姐對所有關係中的制約性的洞悉，以及她對價值間的相對性與人事之短暫的洞察。

〔600〕右下方的卦象為「升卦」（第四十六卦）。意指「樹木自土地中長出。為向上推升的意象」。[176] 經文也說：「上升至

174　譯註：本文為榮格引用衛禮賢之翻譯。但最後一句關於歡愉的部分，既不見於衛禮賢譯文，也非孔子原文。此處孔子原文為：「介如石焉，寧用終日，斷可識矣。君子知微知彰，知柔知剛，萬夫之望。」

175　譯註：「損卦」此處爻辭原文為「（得臣）無家」，意指惠益大眾獲得民心，成為眾望所歸。

176　譯註：此為升卦卦象之大象，原文：「地中生木，升。」

如無人之境的空城，」[177] 並且「帝王賜其於岐山一席位置。」[178] 因此這個卦象代表人格的成長與發展，有如植物掙脫土表向上竄出——這是從之前具有植物意象的曼陀羅中，便預料會出現的主題。這意謂 X 小姐從她的經驗中學到的重要教訓：發展之所以可能，在於接受陰影的存在。

〔601〕左下方的卦象為「鼎卦」（第五十卦）。鼎是一種青銅製、具把手與立腳的祭祀用容器，可裝盛節慶用之熟食。本卦下卦為「巽」，代表風與木；上卦為「離」，代表火。因此這個「鍋爐」是由「木上生火」所構成，就如煉金燒瓶是由火與水所組成。[179] 由於鼎的把手被變更過，腿也斷了立不穩，徒有「美食」在其中（「肥美雉雞」），卻無法被享用。但經由「不斷的自我顛覆」，人格開始產生特殊性（「鼎具有黃金把手」甚至「玉環把手」）[180] 並被淨化，直到其具有玉的「堅實與柔軟光澤」。[181]

〔602〕雖然這四個卦象是刻意被畫入曼陀羅之中，它們確實是 X 小姐全心浸淫於《易經》的成果。X 小姐內在發展歷程的各階段與面向，能輕易地用《易經》的語言表達，在於它也奠基於個體化歷程的心理學，而後者亦同時為道教與禪宗思想關注之一。[182] X 小姐對東方哲學的興趣，來自於她對自我與人生經歷有所認識後產生的深刻感觸——這便是關於人性中存在的巨大矛盾。面對她所

177　譯註：此為升卦第三爻。爻辭九三原文：「升虛邑。」
178　譯註：岐山為周朝發祥地。周文王對助其有功的臣子，賜予其進入岐山祠堂與文王祖先並列，因此為最高的榮譽。
179　《心理學與煉金術》，段落 338。
180　譯註：原文為「鼎黃耳金鉉」及「鼎玉鉉」。
181　這與轉化成為原石的概念一樣。出處同上，段落 378。
182　《金花的祕密》以及鈴木大拙所著之《禪學入門》（*An Introduction to Zen Buddhism*）便是很好的例子。

無法解決的衝突，讓她對和諧無衝突的東方療癒系統興趣倍增。或許一部分是基於對東方哲學的熟悉，使得基督宗教中無法調和的對立面，在她的曼陀羅裡不加掩飾也未被含糊帶過，反而被尖銳地清晰呈現，而即便如此（或許也正因如此），仍能恰當的被結合到曼陀羅整體中。波墨則始終無法做到這點；相反的，在他的曼陀羅中，明與暗的半圓轉而背對彼此。代表明亮的半圓被標誌為「聖靈」（H. Ghost），陰暗的半圓則為「聖父」（Father），亦即**造物者**（*auctor rerum*）[183] 或「第一原理」，而聖靈為「第二原理」。與這兩極交叉是另一互為兩端的太陽（Sonne）與世人（Earthly Man）。「惡魔」完全歸在陰暗的聖父這邊，並構成他的「怒火」，與其在曼陀羅的外圍一樣。

〔603〕波墨的出發點是哲學的煉金。就我所知，他是第一位試圖將基督教的宇宙觀組織為一整體現實，並以曼陀羅呈現。[184] 這個嘗試，因他無法融合曼陀羅中的兩個半圓而告失敗。而 X 小姐的曼陀羅既由對立面組成，也容納對立面。或許我們可以假設，這是借助中國哲學裡陰─陽互動的形上原理而達成──對立面的互助合作使世界得以運轉。這些卦象以實線（代表陽）與虛線（代表陰）的組合，表達了這歷程裡的特定階段。因此，它們在曼陀羅

183　同上。以上引用自曼能斯的〈金羊毛〉（Aureum vellus），文中大地象徵聖父，他的「影子」則象徵物質。波墨的觀點與雅威（Yahweh）＊的性格完全一致：僅管他是正義與道德的守護者，卻不道德、不公正。參見許塔德（Stade），《舊約聖經神學》（*Biblische Theologie des Alten Testaments*），第一卷，頁 88。

　　譯註：＊雅威即段落〔579〕中的四字形字母，其組成被稱之為上帝之名。

184　我刻意忽略波墨曼陀羅中的諸多角色，例如：**榮耀之王**（*rex gloriae*）與四位福音書作者＊、天堂與其四條河流、亞瑞歐帕哥逑之聖狄奧尼修斯（Dionysius the Areopagite）的天堂位階等。因為這些都忽略了邪惡的真實性，僅視惡為「善的闕如」（*privatio boni*），並輕描淡寫帶過。

　　譯註：＊四位福音作者分別為馬太、馬可、路加、約翰。

中，理應佔有上與下之間的調節地位。老子說：「高下相傾。」這不爭的真理亦暗示於曼陀羅中：三隻白鳥盤旋於黑色大地上方，而灰黑山羊的背景卻為亮橘色。於是，東方真理在此影射自身，使對立面的統合，在《易經》所鋪陳的非理性之生命歷程中，成為可能——至少是藉象徵性的預期。接下來的圖片則顯示我們在這所真正關切的，是同一歷程中的相反階段。

圖十（1929 年 1 月）

彩色圖片請見 P. 242

〔604〕圖十曼陀羅的創作始於蘇黎世，但直到 X 小姐重訪丹麥時才完成。這裡我們看到與圖九一樣的上、下半部的區分。中央的「靈魂之花」[185] 仍不變，但花被深藍色的夜空所圍繞，其中包含四種月相：新月則呼應下半部的陰暗世界。圖九中的三隻鳥在這變成兩隻，羽毛的顏色變暗了；而山羊變形為頭上有角、臉部明亮的半人生物；四條蛇在這只剩下兩條。一個顯著的創舉是，在陰暗且同時代表身體的下半球裡，出現了兩隻螃蟹。這裡的螃蟹，基

185　參見拉諾（Rahner），〈療癒靈魂之花〉（Die seelenheilende Blume）。

本上與占星術中的巨蟹（Cancer）[186] 同義。可惜 X 小姐並未提供任何相關背景資訊。遇到這類狀況，便值得探究問題中的物件在過往是如何被運用的。前科學的古典時期，幾乎不對長尾蟹（**長尾類，螯蝦**）與短尾蟹（**短尾下目**）做任何區別。由於螃蟹會換殼，因此巨蟹座在占星術裡象徵重生。[187] 古人指的，應該是在歐洲相當普遍的一種學名為 *Pagurus bernhardus* 的寄居蟹。它能躲進殼裡不被攻擊，因此它象徵**謹慎**及**遠見**，與**對即將發生之事的知悉**。[188] 巨蟹「依隨月亮，受其陰晴圓缺影響」。[189] 值得一提的是，螃蟹出現的時機，剛好也是月相首度出現在曼陀羅裡。占星術中，巨蟹座的主星為月亮。由於它倒著走與橫向的行進模式，在迷信與日常用詞裡常扮演不吉利的角色（「易怒」〔crabbed〕、「划槳失誤」〔catch a crab〕）等。自古 cancer（螃蟹的英文；希臘文為 καρκίνοη）便被用來稱呼腺體的惡性腫瘤。巨蟹座在黃道十二宮裡，剛好是北半球太陽位置逐漸南移、白晝縮短的季節。偽卡利斯提尼（Pseudo-Kallisthenes）[190] 認為亞歷山大的船是被螃蟹拖入海

186　布雪・雷克勒（Bouché-Leclercq），《希臘占星學》（*L'Astrologie grecque*），頁 136：Cancer（巨蟹）＝螃蟹或螯蝦（crabe ou écrevisse）。星座形象常以無尾蟹表現。

187　「螃蟹慣隨季節而變化；脫下舊殼，換上新的。」平切內利說，這是亡者重生的「象徵」（emblema），並引用《以弗所書》4:23：「……讓你們的心智煥然一新」（修訂標準譯本）。（《象徵的世界》〔*Mondo simbólico*〕）。

188　因預見尼羅河將氾濫，螃蟹（和烏龜與鱷魚一樣）將卵生在高處安全之地。「牠們早在未來發生前，便從心裡預見。」尼可拉・高桑，《象徵符號的博學者》（*Polyhistor symbolicus*, 1618），頁 442。

189　馬增（Masenius），《照見圖像中隱藏之真相》（*Speculum imaginum veritatis occultae*, 1714），第 67 章，第 30 節，頁 768。

190　譯註：Kallisthenes 原名為 Callisthenes，西元前四世紀之古希臘歷史學家，曾陪伴亞歷山大帝進行遠征，著有《亞歷山大大帝的功績》（已失傳）。與他時期重疊之著作《亞歷山大羅曼史》，常被視為由他所撰寫，但因其卒年早於亞歷山大，因此這本書的作者常被以其名冠上「偽」流傳。

裡。[191] 希臘神話的赫拉克力士大戰勒拿九頭蛇時，咬了他腳一口的螃蟹名叫 Karkinos[192]。天后赫拉為了感激他，將他升天成為群星之一。[193]

〔605〕巨蟹座在占星術中屬陰性、水象星座，[194] 也是夏至的月份。在**醫療占星術**（melothesiae）裡 [195]，巨蟹對應的身體部位為**乳房**。它掌管**西海**。在普羅佩提烏斯（Propertius）的詩歌中，它則展露陰險的一面：「畏懼這八足蟹的不祥之背」（"Octipedis Cancri terga sinistra time"）。[196] 德・古柏那提斯（De Gubernatis）則說：「這隻螃蟹……一下害死太陽英雄，現在則殲滅怪獸。」[197] 古印度動物寓言集《五卷書》（Panchatantra）的第五卷第二章中，便講述了一隻由母親送給兒子驅魔避邪的螃蟹，如何殺了黑蛇救他一命的故事。[198] 跟德・古柏那提斯所想的一致，巨蟹依其路徑是向前或向後，分別代表太陽與月亮。[199]

191　德・古柏那提斯，《動物的神話》（Zoological Mythology），第二卷，頁 355。

192　譯註：希臘原文為 Καρκίνος，即螃蟹之字源。

193　羅雪（Roscher），《希臘羅馬神話大百科》（Lexikon），第二卷，959 欄，條目「螃蟹」（Karkinos）。同樣的母題也出現在《分析心理學兩篇論文》（Two Essays on Analytical Psychology）中描述的一個夢，段落 80 後。

194　在埃及，每年巨蟹座偕日升（heliacal rising）* 的時候，剛好是尼羅河年度氾濫的開始，是為一年的開始。參照布雪・雷克勤（Bouche-Leclercq），《希臘占星學》，頁 137。
　　　譯註：* 偕日升，指的是恆星每年繞行地球後，再度從地平面上與太陽一起升起，成為晨間最亮一顆星的時候。古埃及以最亮的天狼星偕日升之時來制定曆法，而天狼星剛好位於黃道十二宮的巨蟹座。

195　【參見〈心理學與宗教〉，頁 67，註釋 5。──英譯編者按。】

196　普羅佩提烏斯（Propertius），巴特勒（Butler）譯，頁 875。

197　德・古柏那提斯，《動物的神話》，第二卷，頁 356。

198　《五卷書重訂版》（The Panchatantra Reconstructed），艾爵騰（Edgerton）編，第二卷，頁 403。另參見，霍夫曼 克雷爾（Hoffmann-Krayer）等編，《德國迷信手冊》（Handwörterbuch des Deutschen Aberglaubens），第五卷，448 欄，條目「螃蟹」（Krebs）。

199　德・古柏那提斯，《動物的神話》，第二卷，頁 356。

〔606〕X小姐的出生時間，落在巨蟹座前幾度（實際約為3度）。她了解自己的星座，也知道出生時辰在占星裡的重要性。因此，她也很清楚上升星座的角度，影響了一個星座的性格。顯然她猜到星座與曼陀羅之間的密切關係，因而將她的星座圖象納入畫中，代表她心靈的自我。[200]

〔607〕我們對圖十的重要結論是：貫穿其中的二元關係總能在內部被平衡，從而失去尖銳的互斥對立。這就像穆爾塔圖里（Multatuli）說的：「沒有什麼事是完全真確的，就連這點也不完全正確。」但曼陀羅核心的一體性，抗衡了這種力量的喪失：核心有明燈閃爍，向外放射彩色光芒至整個圓盤的八個點上。[201]

〔608〕將相對力量以對稱的方式配對以達內在平衡，或許是這個曼陀羅的用意。但我們不應忽略：當無意識的內容即將被分化成為意識內容時，也會出現**複製母題**（*duplication motif*）的情形。這常發生在夢裡。兩者或者一模一樣，或者彼此稍有不同，分別對應剛萌生的內容中，屬於意識的與尚處於無意識的兩個面向。我感到這幅曼陀羅的確表現了這種高潮點來臨的時刻，抉擇與分裂正在其中發生。最終，二元的對立就跟「是」與「否」一樣，彼此無妥協餘地；但生命若要能持續，就**必須**將它們維繫在一起。這唯有堅定不懈地把持住中心，藉行為和苦難相互平衡才能實現。這條路「鋒利有如剃刀邊緣」。在這種對立面進入全面衝突混亂的巔峰時刻，也同時是過去與未來之間的視野被敞開的時刻。就如世人自古便有的**共識**（*consensus gentium*），這是一個共時性現象發生的

---

200 她的星盤中有四個地象星座而無風象。來自阿尼姆斯的危險反映在她的月亮與水星的角度呈現90度，為產生壓力的四分相：☽ □ ☿。

201 參見《觀無量壽經》中，佛教「八方」的概念；參見〈東方冥想的心理學〉，頁560。

心理時刻——亦即，當遠似近：十六年後，X小姐不幸罹患末期乳癌。[202]

圖十一（1929年2月）

彩色圖片請見 P. 243

〔609〕在這我只想點出：由中心向外四射的彩色光芒，變得如此稀薄，以至於它們在接下來的幾張圖裡，根本消失無蹤。日與月現在位於曼陀羅之外。太陽變成接近土黃的黯淡色調而非金黃色，同時它向左旋（編按：本圖在英文版中太陽光芒即為向右旋轉），朝自己的陰暗面運轉：這是繼圖十巨蟹座（夏至）後的必然變化。[203] 月相為上弦月。靠近太陽的圓形團狀物大概是積雲，但它們帶灰的紅，看來像是球形腫脹。曼陀羅內有一個星星組成的梅花陣形，中央為金銀相間的星星。圖十中，曼陀羅被分割為空氣與大地的上、下兩半球，這個區隔在此被轉移到曼陀羅外的世界。圍

202　毫無疑問地，我認為共時性現象便是占星術的基礎。就如煉金術的存在明顯地有其心理學的因素，占星術亦如此。時至今日，鑽研這兩門學科的奇特之處已不具特殊趣味；我們反而該探究它們背後的心理學基礎。【參見榮格，〈共時性：非因果律的關聯原理〉（Synchronicity: An Acausal Connecting Principle）——英譯編者按。】

203　譯註：夏至之後，太陽的角度變低、日照時間變短。

繞圖十代表空氣的上半部球體的銀邊,現在則環繞整個曼陀羅,讓
人想起圖三裡,成份為**粗糙水銀**(*Mercurius vulgaris*),因而「掩蔽
了真實人格」的水銀帶。無論如何,或許由於圖中外在世界的重要
性與影響如此強烈,導致曼陀羅本身被減損與降格。雖然它沒支離
破碎或爆裂(在類似狀況下這很容易發生),卻因象徵性的群星與
天體結構而不受大地影響。

圖十二(1929年6月)

彩色圖片請見 P. 244

〔610〕圖十二的太陽沉入地平線之下,月升為上弦月。曼陀
羅不再放射光芒,但與其等量的光線則被日、月與地球所吸納。較
顯著的是,內部突然出現兩個人體與各式動物的動態演示。中心部
分的星座結構已不見,取而代之的是狀似花朵的母題。很遺憾的,
沒有 X 小姐的說明,我們無法確立這個動態演示的含義。

圖十三（1929 年 8 月）

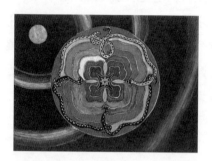

彩色圖片請見 P. 245

〔611〕圖十三中，放射的光源來自於曼陀羅外部，其狀似滿月，一輪又一輪的虹光從它向外放射。曼陀羅由四條黑色與金色的蛇繫在一起，其中三隻蛇的頭指向核心，第四條蛇的頭則反向朝上。蛇與核心間，有意指精子母題的圖案。這可能意謂外在世界的強力滲透，但也可能有魔法保護之意。四元系統在此被分成 3＋1，與原型相一致。[204]

204　這是瑪麗亞公理的例子。其他著名的例子則有荷魯斯與其四個（或是 3＋1 個）兒子、以西結的四個活物、四位福音書作者，還有三卷對觀福音（the 3 synoptic gospels）＊以及一卷《聖約翰福音》。
　　譯註：＊三卷對觀福音為新約聖經前三卷之《馬太福音》、《馬可福音》和《路加福音》之合稱。「對觀」意指「以共同觀點來看事物」。這三卷的內容架構、敘事情節、語彙使用等都非常接近，常被一起研讀。另一卷《約翰福音》內容則與此三卷明顯不同。

圖十四（1929 年 9 月）

彩色圖片請見 P. 246

〔612〕圖十四的曼陀羅，懸在燈火通明的紐約第五大道上空，此時 X 小姐也回到那裡。在中心的藍色花朵上，「皇家」配偶間燃燒的祭火象徵其**結合**（*coniunctio*）。一對呈跪姿的男女，協助國王與皇后完成典禮。這是典型的四元一體婚配。關於其心理學上的意義，請讀者參考我在〈移情的心理學〉（Psychology of the Transference）的闡述。[205] 這種內在的相繫，應被視為抵禦外在分化影響所做的補償性「鞏固」。

205　【第二章，頁 211 起。——英譯編者按。】

圖十五（1929 年 10 月）

彩色圖片請見 P. 247

〔613〕圖十五的曼陀羅，漂浮於曼哈頓與海之間。天再度亮了，太陽才剛升起。藍色的蛇自藍色核心穿進曼陀羅的紅色血肉中：當紐約帶給 X 小姐的震驚所引發的內傾感受消退後，出現了反向轉化作用（enantiodromia）。蛇變成藍色，代表牠們取得精神性特質。

圖十六（1929 年 11 月）

彩色圖片請見 P. 248

圖十七（1929 年 11 月）

彩色圖片請見 P. 249

〔614〕從圖十六開始，Ｘ小姐的素描與繪圖技巧出現大幅進展，增進了曼陀羅的美感。圖十七出現了眼睛的母題，這在其他人的曼陀羅中也出現過。對我來說，這似乎與多眼母題相關，並點出無意識的特殊性，可謂為「多重意識」。我在其他地方對此議題已詳細討論。[206]（亦見圖例 5）

圖例 5：一位女病患畫的曼陀羅。

年 58 歲，藝術技巧成熟。中心為一顆被蛇包圍的蛋；外面長有驅魔的翅膀與眼睛。這個曼陀羅特別之處在於其五邊形結構。（該病人同時也畫出三角形結構的曼陀羅。她喜歡把玩形式的各種變化，而不在意它們代表的意義──這是她藝術天賦的結果）

206　見〈論心靈本質〉，第六節。

圖十八（1930年2月）　　圖十九（1930年8月）

彩色圖片請見 P. 250　　　　　彩色圖片請見 P. 251

〔615〕圖十五開始的反向轉化作用，直到隔年的圖十九才達到巔峰。[207] 在該圖中，紅色的物質環繞位於中心、擁有四道金光的星星；藍色物質則向四周推展至外圍。放射七彩虹光的曼陀羅，在此又再度開始，並從那時起持續有超過十年之久（那些曼陀羅並未收錄在此）。

〔616〕我將不對之後的曼陀羅做評析，也不會把它們全都複製於此——就像我說的，那些曼陀羅延續了十年以上——因為我認為我對它們的理解仍不足夠。此外，這些圖是因 X 小姐過世，才於最近來到我手上，其中並沒有 X 小姐本人的任何註解說明。在這類狀況下進行詮釋的工作，有太多的不確定性，最好不要嘗試。此外，這個案例的目的是作為例子，用以說明這類圖如何產生、它們的意義，以及哪些省思與觀察是在詮釋它們時所必需的。這本來

207　【在本篇較早版本中並未納入圖 18-24，這些是榮格教授在結束與 X 小姐的分析關係後所選出。——英譯編者按。】
　　　譯註：X 小姐所有曼陀羅圖完成的時間，分別標示在每張圖的標題。

就不是為了展示整個人生如何以象徵形式表達自己。就如虛構的**煉金功業**歷程已充分顯示的,個體化歷程包含許多階段,並因各式變遷而充滿變數。

圖二十(1931 年 3 月)

彩色圖片請見 P. 252

圖二十一(1933 年 7 月)

彩色圖片請見 P. 253

圖二十二(1933 年 8 月)

彩色圖片請見 P. 254

圖二十三(1935 年)

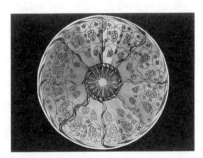

彩色圖片請見 P. 255

圖二十四「曇花。1938 年 5 月。最後一次拜訪榮格。」
（X 小姐記）

彩色圖片請見 P. 256

結語

〔617〕這一系列圖片呈現了個體化歷程的初始階段。若能了解在此之後的發展更好。但正如哲學金與哲人石從未在現實中製成一樣，從來就沒有人能說出完整的歷程，至少不能被凡人聽到；因為，能宣告最後的「完結」（consummatum est）的，只有死亡，而非說書人。當然，在這歷程的後續階段，還有許多值得了解之處。但從教學與治療的角度來看，不應匆促地就跳過這些初始階段。這些圖畫是對未來發展的直觀預期，因此值得在它們身上多花些時間了解，以便在它們的幫助之下，將無意識眾多的內容整合到意識之中，使得意識終於能達到它所預見的未來境地。這些心靈演化的步伐，與心智發展的步伐並非總是一致的。事實上，它們首要的目標就是讓過於匆忙向前跑的意識，重新與它原本應相連的無意識背景，再度建立聯繫。這也是我們這一案例的問題。X 小姐不得不回到她的母土，以便再度尋回

她的大地——**回溯的記憶**（*vestigia retro*）！今天，這不僅是個人議題而已的，整個文明都面臨了這一課題。在我們這時代，如此駭人的退行，又有甚麼意義呢？通過科學和技術，意識的發展步調急速向前，將跟不上的無意識遠遠地拋到了後面。這於是迫使無意識處於一種抵禦的位置，以普遍的毀滅意志來表達它自己。我們當今的時代充斥各種政治與社會的主義，宣傳著一切可以想像的理想。而在這面具下，它們所追求的，其實是通過對個人發展的可能性加以限制或完全抑制，來降低文化水準。它們一部分是藉由恐怖主義統治所製造的混亂來得逞，是一種僅供給生活最基本需要的原始狀態，其恐怖更勝於所謂「黑暗時期」（Dark Ages）的那個最壞的時候。這種墮落與奴役的經驗，能否再次喚起人們對更多精神自由的呼喚，仍然有待觀察。

〔618〕這個問題無法在集體性的層面解決。因為唯有個體改變了，才能導致整體的改變。此外，即便看來是最佳的解決方案，也無法強加於個人之上。最佳的方法，往往是在於能與自然發展的歷程相結合。所以把一切希望都押在集體適用的處方與程序上，是不可能成功的。要改善社會普遍的弊病，首先要從個人做起，而且只有他讓自己承擔責任而不是要求他人承擔的時候，才可能做到。這自然只有個人處於自由之下才做得到，絕不可能經由武力統治來實現，不論這種統治的極權領袖是自命的還是由暴民所擁護的。

〔619〕這一系列初始階段的圖片說明了這特有的心靈歷程，那就是一個人開始關注自己人格所遺忘的部分時的歷程。當自性的象徵出現，試圖傳達整體人格的模樣時，這種連結幾乎才剛剛建立起來。這樣發展的結果就是，不疑有他的現代人踏上自古以來就有許多人踏遍的道路——**朝聖之路**（*via sancta*），這一路的里程碑與標誌便是宗

教。[208] 他將深思並體會那些令他感到奇異之事，也包括那些不愉快的。阿普列尤斯（Apuleius）在埃西斯（Isis）女神的奧祕中提到，他「走向那些死亡之門，一腳已踏進普羅賽皮納（Proserpina）的門檻，卻仍被允許返回，被這一切深深迷惑。子夜時分，我見陽光普照，猶如正午；我進入冥界的諸神與上界諸神的面前，走近祂們，加以膜拜。」[209] 我們的曼陀羅也表達了這樣的體驗；這就是為什麼我們會在宗教文獻中，找到與這些體驗的情境最相似的象徵與情緒。這些情境為內在強烈的體驗，若受其影響的個人具有足夠的道德能耐，保持**信念**（πίστπ）、忠誠的信賴與信心，這些經驗便能帶來恆久的心靈成長，使人格深化與成熟。這些心靈體驗，自古便是「信仰」的基石，同時也是信仰與知識不可動搖的基礎。

〔620〕我們的案例清楚展示了心靈歷程的自發性，以及個人處境的問題轉化為個體化的問題，也就是邁向圓滿完整，而這也正是當今最重要問題的答案：意識，這項我們新近獲得的能力，它一直是超前的，這樣要如何才能與最古老又落在後頭的無意識再度連結起來？最古老的便是本能基礎。任何忽視本能的人將遭到本能的埋伏襲擊，而任何自大的人都會被迫謙卑，同時失去了自由，這個他最寶貴的財產。

〔621〕每當科學試圖描述一個「簡單的」生命歷程時，事情就變得複雜困難。可想而知，透過積極想像而得以視覺化的轉化歷程，這一切相關的細節，對我們的理解力是多麼大的挑戰。就這一點，它們或許可以和其他的生物歷程相比較。但這些也需要專業知識才能理

208　《以賽亞書》45：8：「而在那將有一個大道，它將被稱作聖道（Holy Way）。」（修訂標準譯本）

209　《金驢記》（The Golden Ass），羅伯特‧葛瑞夫斯（Robert Graves）譯，頁286。

解。而我們的例子顯示，個體化歷程的開展，不借重任何特殊知識便可自行運作。不過，如果一個人要對這歷程有所認識、吸收，並將之內化為意識的一部分，則需要一定程度的知識。如果對這歷程完全不理解，那麼它便得將自己壯大到一定強度，才不會毫無結果地又再次沉入無意識中。但若它的影響力上升到不尋常的高度，就會迫使人們去理解它。至於病理上變得更嚴重或更輕微，則取決於理解的正確度。心靈經驗會因為理解的正確與否，對一個人的發展產生截然不同的影響。心理治療師的職責之一，便是要掌握這種理解的知識，以便協助病人充分理解他們自己的經驗。而這類經驗並非毫無危險，別的因素就先不提，這情形同時也是精神分裂的溫床。在任何情況下，皆應避免僵化與粗暴的詮釋。同樣的，病人也不應在任何非自然與自發的狀況下，被迫採取某種特定的發展途徑。而且，除非精神病的可能性已確立，否則歷程一旦展開，就不該企圖說服病人終止。這樣的診斷需要有豐富的精神醫學經歷；而且治療師也應切記，原型的意象與幻想星團般的聚合，本身便不是一種病態。病理的因素，只會表現在個體對它們的反應與詮釋上。最重要的是，病理反應的最主要特徵就是對原型的完全認同。這時，心靈湧現的內容會產生膨脹的情形，甚至如洪流般傾瀉而出，把個人整個佔有，任何治療都無法遏止。在較好的情況下，這種對原型的認同只是一種無害的自我膨脹。但在任何情況下，對無意識原型的認同都會削弱意識，這才是危險的。你並未「做（造）」（make）出這個認同，你並未「認同（指認出）你自己」（identify yourself），[210] 而是以無意識的方式體驗到你對原型的認同，以致被其佔有。所以，面對較困難的案例，鞏固與強化意識自

210　譯註：鑑於此處引號中的英文原文在意義上的雙關意涵，譯者將直譯與意譯一併呈現。

我（ego）的必要性，會比理解與內化無意識的產物要來得更迫切。這個決定，必須交給分析師，以其診斷與治療技巧來拿捏分寸。

● ● ●

〔622〕這篇論文為一種摸索性的嘗試，目的是為了讓曼陀羅成形的內在歷程更容易被理解。這些歷程，就像那些背景正發生朦朧變化的自我陳述與描繪。這些變化被「反轉的視野」（reversed eye）感知，並且透過鉛筆和畫筆所呈現出來的面貌，還是和它們本質一樣難以理解。這些畫代表的是一種無意識內容的表意文字。我也曾將畫曼陀羅的方式拿來應用在自己的身上，我可以肯定地說，一個人可以在完全不了解其含義的狀況下，畫出極其複雜的畫。在繪畫的當時，畫彷彿自然長成它自己的樣子，而且結果經常與繪畫者原初的意圖相悖。有趣的是，在觀察繪畫的歷程，經常驚人地出現與預期相反的結果。同樣的狀況，在以文字試圖寫下積極想像之產物的歷程中，也可以觀察到，有時甚至是更為明顯。[211]

〔623〕眼前這案例，也算是填補了我在闡述治療方式時所感到的缺口。我經常談及積極想像這方法，卻很少撰文論述。我從 1916 年便開始運用這方法，並在〈自我與無意識的關係〉（The Relations between the Ego and the Unconscious）一文中，首次勾勒此方法。1929 年，我於《金花的祕密》中首度提及曼陀羅。[212] 我對這些方法運用所

211　見邁爾（Meier）的案例材料，〈集體無意識的自發表現〉（Spontanmanifestationen des kollektiven Unbewussten），頁 284 起；班齊格爾（Bänziger），〈個體化歷程中之個人化與原型元素〉（Persönliches und Archetypisches im Individuationsprozess），頁 272；哥哈・阿德勒（Gerhard Adler），《分析心理學研究》（Studies in Analytical Psychology），頁 90 起。

212　〈心理治療的目的〉（The Aims of Psychotherapy, 1931）文中亦提及積極想像，見段落 101。亦參見〈超越功能〉（The Transcendent Function, 1916）。其餘的曼陀羅圖片請參閱本書下一

得的結果，保持緘默至少十三年，以避免做出任何建議。我需要先確認這些東西——特別是曼陀羅——的確是病人自發所產生，而不是在我一廂情願的奇想下，透過對病人的暗示才發生的。接著，藉由我自己的研究，我終於確信：世界各地自古便有曼陀羅的繪畫與刻畫的紀錄，或是與之相關的建構。早在我的病人發現它們之前，曼陀羅便已存在。同時，我也樂見那些未曾由我訓練的心理治療師，他們的病人也做過曼陀羅的夢、畫出曼陀羅圖。有鑑於曼陀羅符號的象徵與意義之重要，有必要對其格外謹慎，畢竟這項母題是原型普遍運作的最佳例子之一。1939-40 年，在一場關於孩童的夢的研討會中，[213] 我提到一個不可能聽過四位一體的上帝的十歲小女孩做的夢。一位熟人將小女孩自行寫下的夢寄給我：「有一次，我在夢裡看到一隻身上長了很多角的動物。牠用角刺死其他小動物，牠動的時候像蛇一樣扭動。然後一陣藍色的霧從四個角落升上來，牠便停止吃食。接著上帝來了；但其實四個角落上共有四個上帝。然後這隻動物死掉了，而所有被牠吃掉的動物又活了過來。」

〔624〕這個夢描述了無意識的個體化過程：所有的動物都被這一隻動物吃掉。接著，出現了反向轉化作用：龍變成了代表神聖四位一體的氣態精神（pneuma）。隨之而來的是萬物復興（apocatastasis），死者復生。對這樣絲毫「不童稚」的夢，我們別無他想，只能以原型稱之。X 小姐也將一整套動物放入圖十二的曼陀羅

章。

213　【《兒童夢境的心理學詮釋》（*Psychologische Interpretation von Kinderträumen*）課程，冬季班，1939-40 年，蘇黎世聯邦理工學院（速記複本）。雅克比博士（Dr. Jacobi）也在《情結／原型／符號》（Complex/Archetype/Symbol）中討論過同樣的夢，頁 1398。——英譯編者按。】
　　譯按：就是最近才重新整理出來的榮格講稿《孩子的夢》（中譯本，台北：心靈工坊，2023）。

中——兩條蛇、兩隻烏龜、兩條魚、兩隻獅子、兩頭豬，一隻山羊和一頭公羊。[214] 整合的動作即收攏眾多融合為一。做這夢的孩子與 X 小姐，她們當然不知道奧利金（Origen）（在提及獻祭的動物時）便已說過：「在你自己身上找尋這些祭品，你將在自己的靈魂中發現牠們的存在。要知道，你內在便擁有牛群成群的綿羊與山羊。……記得天上的飛鳥們也在你心中。不必對你內在擁有這些感到驚奇，而要明白你自己甚至是另一個小宇宙，日月星辰蘊藏於你之中。」[215]

〔625〕同樣的想法也出現在另一段話裡，但這次改採取心理學陳述的形式：「因為看著這樣一個人的表情：忽而憤怒、忽而悲傷，不一會兒雀躍，又再度苦惱，接著又心滿意足。……他根本不是他自以為的樣子，反倒擁有像他的情緒一樣多變的人格，就像聖經裡說的：愚人變化多如月。……[216] 因此，上帝是不變動的，祂被稱為『一』（one）便是基於不變這理由。因此，依上帝意象而造的仿真上帝，當他臻於完美時也被稱作為『一』與**一己**（*unus et ipse*）。因為一旦他達致德性的巔峰，便不再變動，始終維持如一。而人一旦陷於**邪惡**（*malitia*）之中，便受各方事物的拉扯與牽制；處於眾惡之人，不能稱之為一。」[217]

〔626〕眾多動物在這裡代表的，是人類會有的各種情緒狀態。這段話很明顯地談到了個體化歷程，把眾多屈於「一」（the One）之下。但是「一」是上帝，而人類內在與祂相對應的則是**上帝意象**

214　這讓人想到橫渡死海、引領眾生重生的挪亞方舟。

215　《利未記佈道》（*Leviticum Homiliae*），第 5 章，第 2 節（《偉大希臘教父叢書》〔*Migne*, P. G.〕，第十二卷，欄位 449）。

216　《傳道書》（*Ecclesiasticus*）27:11。

217　《王國之書的佈道》（*libros Regnorum homiliae*），第 1 章，第 4 節（《偉大希臘教父叢書》〔Migne, P.G.〕，第十二卷，欄位 998-99）。

（*imago Dei*）。而就如我們從雅各‧波墨那兒所看到的，上帝意象藉曼陀羅形式來表現自己。

論曼陀羅象徵 [1]

1　【本文首次以〈論曼陀羅象徵〉（Über Mandalasymbolik）為題發表，收錄於《無意識的構成》（Gestaltungen des Unbewussten）一書，屬《心理學論文》（Psychologische Abhandlungen）系列之第七卷（Zurich, 1950）。文中插圖原為榮格教授為 1930 於柏林發表的一場演講所蒐集。其中的九張插圖（圖 1、6、9、25、26、28、36、37、38）曾收錄在榮格與衛禮賢合譯的《金花的祕密》書中之〈歐洲曼陀羅例子〉（Examples of European Mandalas），並附上短評（該書原文在 1929 年於慕尼黑出版，1939 年於蘇黎世發行第二版；英譯者為心理學家凱莉・貝恩斯〔Cary Fink Baynes〕，其譯本於 1931 年於倫敦與紐約同時出版；修訂版於 1962年出版）。本文日後亦收錄於《榮格全集》的第十三卷。榮格在其傳記《榮格自傳：回憶・夢・省思》中自承為圖 6、36 與本書封內頁的曼陀羅創作者（據此他也應為圖 28 與 29 的創作者）；內容見美國版自傳之 195、197 頁；英國版之 187、188 頁。──英譯編者按。】

〔627〕以下，我將借助大量的圖片來嘗試說明一類特殊的象徵符號——曼陀羅。我曾在多次場合處理過這個主題，並在《心理學與煉金術》中，針對在一個案分析中持續出現的曼陀羅象徵，做過詳細解釋與評析。我在本書第二章也做了同樣的嘗試，但那些曼陀羅不出自夢境，而是積極想像的產物。在這一章，我將展示各種不同來源的曼陀羅圖像。一方面讓讀者對個人幻想所產生之驚人的豐富創造形式有所印象，另一方面，讀者將對經常出現的基本元素得以熟悉。

〔628〕詮釋的部分，我則請讀者自行參閱文獻。在本文中，我將點到為止，以免像我在第二章與〈心理學與宗教〉中所做的詳盡說明一樣，把我們越帶越遠。

〔629〕**曼陀羅**在梵語原意為「圓」（circle）。印度語用以指稱宗教儀式中繪製的圓圈。我曾在印度南部城市馬杜拉（Madura）的大廟宇中，看過這種圖形如何繪製。那是由一名婦女在廟宇**門廊**（*mandapam*）的地板上以彩色粉筆進行繪製，寬約三公尺。陪同我的梵學專家告訴我，他無法給我任何有關眼前曼陀羅的資訊，只有繪製曼陀羅的婦女本人才知道這些圖案的意義。婦人的態度則不置可否；顯然她不希望在工作時被打擾。在許多小寺廟粉刷過的牆面上，也可以看到用紅色粉筆繪製的精緻曼陀羅。最好且最重要的曼陀羅圖像，則出現在藏傳佛教中。[2] 以下我將以一幅由衛禮賢引介，並引起我注意的西藏曼陀羅為例。

2　參見《心理學與煉金術》，段落 122 起。

大圖請見 257 頁

〔630〕這類在儀式中被用作冥想工具的曼陀羅，稱為**具**（*yantra*）。它的用途是在凝聚注意力，協助心靈縮小視線範疇至中心點上。曼陀羅通常由三圈黑色或深藍色的圓所組成。這三個圓的目的在阻絕外界，鞏固內部。構成外緣的經常為火，是所謂**淫欲**（*concupiscentia*）之火、「慾望」，地獄的磨難便由此而來。外緣經常描繪駭人的墳場景觀。其內部則是一圈蓮葉花環，將整個曼陀羅描繪為一朵**蓮花**（*padma*）。再往內，則是一個具四道門的寺院，象徵神隱凝思之地。院子內，依慣例會有四種基本色：紅、綠、白與黃，它們分別代表四個方位，以及《西藏度亡經》

（*Tibetan Book of the Dead*）中所說的四種心靈功能。[3] 接著，通常會再有一道魔法圓圈守護冥想的中心標的。

〔631〕曼陀羅的中心，會依儀式的需求、冥想者的等級以及所屬教派的差異，而有完全不同的表現方式。依慣例，中心會呈現造物主濕婆的化身。在怛特羅密教（Tantric）教義中，濕婆被視為唯一存有（the One Existent），其完美狀態為永恆。當這單一尚未開展的點——**濕婆明點**（*Shiva-bindu*）[4]——出現在其自身的陰性面——夏克提（Shakti）——的永恆懷抱中，萬物便由此創生。若用黑格爾術語來說，便是從**自在存有**（being-in-itself）的狀態進入**對己存有**（being-for-itself）的狀態[5]。

〔632〕在**拙火**（*kundalini*）瑜伽的象徵裡，夏克提被化身為一隻蛇，圍在一根**象徵濕婆的陽具標誌**（*lingam*）上纏繞三圈半。這個意象顯示在具體空間中顯化的**可能性**。夏克提創造出摩耶（Maya）做為建造萬物的素材；所以她是現實世界的女造物者。這種創造被視為一種幻影，既存在又非真正存有。其雖為**真**（*is*），但仍融於濕婆之中。因此，創造肇始於神性內合一的對立面之分裂。這個分裂導致巨大的能量爆炸，形成世界的多樣性。

3　【參見榮格對《西藏度亡經》做的心理學評注，段落 850。——英譯編者按。】

4　譯註：明點（Bindu）在印度原始佛教哲學中被視為創造的起點，與整體合一的可能性，被形容為宇宙尚未完全顯化的神聖象徵。印度曼陀羅便以明點為其中心圍繞成形，代表整個宇宙。明點在印度瑜伽的修煉中具有二元性：白色明點位於後腦勺，在頂輪（crown chakra）與眉心輪（third-eye chakra）之間，與濕婆有關，代表宇宙意識的顯化；紅色明點則位於底輪（root chakra），為生命能量之源，稱為拙火（kundalini），象徵尚未被啟動時的陰性創造能量，夏克提安歇於此，化身為一條蜷曲的蛇。當白點與紅點的合一，代表拙火能量之蛇被啟動，自紅點上升至白點與濕婆結合，達到精神與靈性的解放。

5　譯註：榮格此處藉黑格爾的概念來類比個體化歷程中，意識與無意識從合一狀態到兩者開始分化：「自在」的概念屬於意識內含於無意識的合一狀態；「對己」而在，則象徵意識的出現並從無意識中分化，改變了原先自在存有的狀態，產生與己相對的狀況。

〔633〕觀想曼陀羅中所描繪的歷程，目的是讓修行者自內在建立神性意識。透過冥想，修行者再度認出自己便是造物主，從而脫離個人存在的幻象，回歸萬物合一的神聖狀態。

〔634〕我在前面說過，曼陀羅意謂「圓」。我們在這裡展示了與這母題相關的各式變化，但它們都建立在化圓為方的基礎上。它們的基本母題是對人格中心的預感，亦即內在心靈有個中心點，萬事萬物皆與之相連、依其安排，且其自身為一能量泉源。中心點的能量，以**成為自己之所是**的不可抗之強大驅力顯現。這好比一個有機體不管遭遇任何狀況，都致力於回歸其本質天性的狀態。這個中心與自我不同，若要給一個稱呼，或可稱為**自性**。雖然此中心以內在核心點來表示，它的周邊全圍繞著屬於自性的事物——那些形成人格整體的對立元素。這個整體的組成首先包含了意識，接著是個人無意識，最後是集體無意識中範疇無限大的一部分，其原型為全人類所共有。但一部分的原型被永久地或暫時地納入人格範疇中，經由此接觸，而得以被個別標示出來，例如：陰影、阿妮瑪和阿尼姆斯這幾個較知名的名稱。自性，看似簡單又極其複雜，借印度語來形容它，便是「聚合的靈魂」。

〔635〕喇嘛文獻中，對於該如何繪製與使用這個圓有詳盡的說明。其形式與色彩皆有傳統規範，在此架構下能做的變化可說是極少。事實上是非佛教徒將曼陀羅運用於儀式中的；總之這不在上座部佛教（Hínayāna Buddhism）[6] 原始儀式中，且最早是出現於大乘佛教（Mahāyāna Buddhism）中。

〔636〕圖一曼陀羅所描繪的，是一個從冥想狀態進入絕對境

6　譯註：舊稱「小乘佛教」，相對於大乘佛教，有貶抑低下之意。1950 年，世界佛教徒聯誼會決定使用「上座部佛教」一詞稱呼南傳佛教，不應再使用「小乘」的稱呼。

界的人。所以裡面並未出現恐怖的地獄景象。位於中心，代表鑽石與閃電的**金剛杵**（*dorje*），在此象徵陰陽合一的完美境界。幻象世界從此消失，萬有能量聚合，並回歸初始狀態。

〔637〕位於中庭四道門口的四個**金剛杵**，意指生命能量向內流動；因其已脫離對事物的依附，始能返回核心。當一體四面的所有能量達到完美結合，便進入一個靜止不再變動的境界。中國煉丹術稱此為「金剛不壞之身」（Diamond Body），與此對應的是中世紀西方煉金術的**不朽之身**（*corpus incorruptibile*）；後者源自基督教傳統中的**榮耀之身**（*corpus glorificationis*），意指復活的不朽之軀。因此，這個曼陀羅展現了存在於**陰**與**陽**、天與地間所有對立面的合一；一種永恆的平衡與持續不變的狀態。

〔638〕為了適用於心理學，我們必須放棄採用東方形上學的豐富詞彙。瑜珈的曼陀羅冥想練習，其目的無疑是讓精於此道的人產生心靈變化。自我是個體存在的表現。而瑜珈行者則交出其自我以換取濕婆或佛陀；此舉在他人格的心理中心引發了一個轉變：從個人的自我轉換到無涉個人的無我（non-ego）狀態，並體驗後者為人格的真正「基礎」（Ground）。

〔639〕在此，我想提及中國思想裡類似的概念，亦即《易經》體系的基礎。

圖二

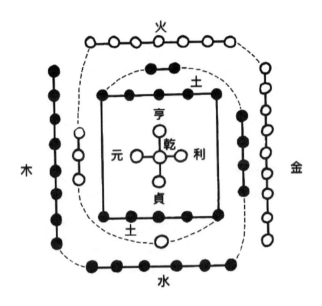

〔640〕圖二中心為**乾**卦，代表「天」，由之衍生出四個卦辭，猶如貫穿虛空的神聖力量。因此我們有了：

乾：自發的創造能量，與濕婆相對應。

亨：無所不在之力量。

元：生產力。

利：慈善的力量。

貞：不變的、決定性力量。

〔641〕環繞此陽性中心力量的是大地及其生成之元素。這與**拙火**瑜伽中，濕婆─夏克提的合體是同樣的概念，但在此則表現為大地吸收上天的創造力於其身。**乾**（天）與**坤**（土）──陰性的接

納性力量——的結合，產生了四體（*tetraktys*），和畢達哥拉斯的神祕四體符號一樣，是所有存在的基礎。[7]

〔642〕「河圖」據傳是《易經》的基礎之一，現有的版本有部分源自西元前十二世紀。相傳一條龍從河中撈出具有神奇符號的「河圖」，智者在上面發現了圖案，圖案畫出宇宙秩序的定律。由於圖案所屬年代極其古老，上面是以結繩來計數。這些數字具有原始性質常見的特徵，主要為陽性與陰性。奇數代表陽性，偶數代表陰性。

〔643〕遺憾的是，我不清楚這個原始概念是否影響了年代比其晚的密宗曼陀羅。但兩者間驚人的相似，讓一個歐洲研究者不禁自問：是誰影響了誰？是中國人從印度那發展而來？或是印度人受中國影響？我問過一位印度人，他說：「中國人當然是受印度影響才發展出的。」但他不知道這些中國概念有多古老。《易經》的基礎可追溯至西元前三千年。我已故好友，中國哲學專家衛禮賢認為無法認定兩者間有直接關係。即使兩者在象徵概念上具根本相似性，也不需要任何直接影響。因為，就如經驗所一再顯示以及我已

7　譯註：在古典的宇宙起源理論中，四體象徵四個基本元素：風、火、水、土。畢達哥拉斯視數字為萬物本質的根源，可以解釋宇宙（kosmos；即宇宙「cosmos」出處）運行，而宇宙之和諧與完美表現在幾何與比例上。在畢氏學派，tetraktys 是一個由十個點構成的三角形，自頂點一個點為第一列開始，往下每列遞增為兩個、三個到最後一列四個點形成一個三角形；這也是畢氏第四個三角形數（triangular number）。對畢氏學派，單純的自然整數 1-2-3-4 既可解釋宇宙行星運轉，也形成普世和諧音律。以宇宙論而言，1 代表合一整體或單子（Monad），在空間上則為零（一個點）；2 代表兩個或他者（otherness），在空間上則兩個點形成一條線；3 代表和諧（harmony），空間上三個點構成一個平面；4 則為宇宙，在空間上三點加上第四個點，則構成一個立體三度空間。畢氏音程也奠基於 1 到 4 的整數比：八度音（1:2）、純五度（2:3）和純四度（3:4）。畢氏以數字構成的和諧宇宙論概念，不僅影響柏拉圖的宇宙觀（可見於《蒂邁歐》和《理想國》對話錄中），更滲透到新柏拉圖主義與煉金術傳統的宇宙論。

證明過的，這些觀念在彼此無關的狀況下，仍會自發地從一個彷彿無所不在的心靈母體中不斷生出。

圖三

大圖請見 258 頁

〔644〕在此我複製一幅西藏的「世界輪」（World Wheel），與喇嘛的曼陀羅相對比。這幅曼陀羅代表世界，與上一幅曼陀羅截然不同。位居中心的為三個法則：公雞、蛇與豬，分別象徵淫慾、嫉妒與無意識。靠近世界輪中心附近有六根輻條，邊緣則有十二根。這是根據三元系統構成。[8] 世界輪由死神閻魔（Yama）掌管（稍後我們會與其他「掌盾者」〔shield-holders〕相遇：見圖三十四及四十七）。可想而知，衰老、疾病與死亡的悲慘世界

8　譯註：中心至外圈的數目：3–6–12，呈現為 3 的等比數列。

被掌握在死神魔爪中。值得注意的是，存在的不完整狀態，是以三元系統表示；而完滿的精神境界，則以四元系統表示。這使得不完整與完滿境界的關係，剛好是 3：4 的比例（sesquitertian proportion）[9]。這種比例關係在西方煉金術傳統中，被稱為瑪麗亞公理。在夢的象徵意義中，它也扮演不容小覷的角色。[10]

• • •

〔645〕我們接下來要看的是病人們在分析無意識的歷程中，自發而畫的曼陀羅。這些曼陀羅與前面討論過的不一樣：圖形都不依據任何傳統或模型構成，乍看似乎是患者奇想下的即興創作，但背後的決定因素，卻是繪圖者本身所不了解的原型概念。因此，基本母題經常重複出現在不同的曼陀羅中，即使是完全不同類型的病人的創作，彼此間也有顯著相似之處。這些曼陀羅，大部分都來自受過教育、對種族間的相似性不了解的病人。隨著治療階段的不同，這些圖彼此間也大相徑庭；但在某些重要階段上，則一致對應到特定的母題。在此我將不深入說明治療的細節，只想指出這種狀況涉及了人格的重整，以及新的中心定位。這說明了為何曼陀羅的出現，常伴隨茫然失措或恐慌的混亂心靈狀態。它們具有化混沌為秩序的目的，即使這並非患者原初的意圖。無論如何，這些曼陀羅展現的是秩序、平衡與圓滿性。病人們經常強調這些畫帶給他們舒緩慰藉的作用。一般來說，曼陀羅的作用在表達宗教性的——亦即聖祕的（numinous）——思維與概念，或是表達哲學思想。大部分

9　譯註：sesquitertian proportion 在數學中指簡單整數比中，數目較小的部分屬於三，使比例呈一又三分之一比一；例如：3:4。

10　參見段落 552。

的曼陀羅具有直覺、非理性的特性，並且藉其象徵性的內容，對無意識產生追溯的影響力。[11] 如此一來，它們跟聖像（icons）一樣，對患者具有一種其不曾自覺的「魔力」。事實上，患者是透過自己的畫所帶來的影響，才發現偶像所象徵的含義。這些曼陀羅之所以對患者發生作用，並非因為它們出自患者自己的幻想，而是患者讚嘆地發現：他們主觀的想像力，竟會產生出乎意料之外的母題與象徵符號，不僅依循某種定律，且其所傳達的概念，也不是患者的意識心靈所能輕易把握的。面對這些曼陀羅，許多患者初次認識到無意識是一個獨立的實體。這從某些圖像所留下的強烈印象以及對患者產生的影響，便可清楚知道，毋須我贅言。

〔646〕針對以下即將出現的曼陀羅符號，我要先就其組成元素做點說明。它們主要是：

1. **圓形**（*Circular*）、**球狀**，或**蛋形**結構。
2. 圓形被進一步發展成**花**（玫瑰或是蓮花）或是**輪子**。
3. 位於中心的是**太陽**、**星星**或**十字**，通常有四、八或十二道光芒。
4. 圓圈、球體，以及十字圖形經常以**旋轉**的模式出現（卐）。
5. 圓圈由環繞一個中心的**蛇**來代表，或者形成指環狀（銜尾蛇），或者呈螺旋狀（宇宙蛋）。
6. **化圓為方**，以方內之圓或與之相反的模式出現。
7. **城堡**、**都市**，及**中庭**（**聖域**；*temenos*）的母題，方形或圓形。

11　譯註：意指無意識所具有的「歷史性」特徵。見本書第 1 章第 499 段及第 518 段之內容。

8. **眼睛**（瞳孔和虹膜）。

9. 除了四元系統的圖形（以及四的倍數），也有三和五元系統
的圖形，但較稀有。

待會我們便會看到，這些圖片應被視為表達「不安」的整體。

圖四

大圖請見 259 頁

〔647〕這幅曼陀羅為一名中年女患者所繪，她最初是在夢中
見到。我們立刻看到它與東方曼陀羅的差異。在形式與概念上，這
幅曼陀羅顯得貧乏；但比起受制於集體與傳統規範的東方圖像，這
張圖則更加清晰地表達了患者個人的態度。她做了這樣的夢：「我
試圖解析一個刺繡的花紋。我妹妹知道怎麼繡這圖案。我問她是否
已繡好了鏤空花邊的手帕。她說：『沒有，但我知道怎麼做。』然
後，我看到手帕圖案已抽紗，但還沒完成。正確作法是不斷繞行方

形直到接近中心，然後再繞圓圈。」

〔648〕螺旋狀圖形以典型的四色繪成：紅、綠、黃，還有藍。患者說，中間的方形代表石頭，其四邊分別顯示這四個基本色。位於內裡的螺旋——就像**拙火**瑜珈所示——是一條環繞中心三圈半 [12] 的蛇。

〔649〕夢的主人完全不知道她內在正發生的情況，那是一個新方向的開始，她也無法有意識地理解這點。此外，她對與自己的畫有相似之處的東方象徵也毫無認識，因此不可能受到其影響。這幅象徵畫面，是在她個人的發展到達一定程度時，自然出現的。

〔650〕遺憾的是，我無法明確指出這些曼陀羅是在什麼特定狀況下產生的。這會讓我們離題太遠。本文唯一的目的，是針對個人的與集體的曼陀羅形式間的相似性進行調查。基於同樣理由，我也不會對任何一張圖的具體狀況進行細膩詮釋，因為這不免要對受分析病人的狀態進行全面說明。但如本案例所示，只要能透過簡短的暗示與提示就可說明每張圖的起源，我便會如此做。

〔651〕關於本圖的詮釋，我要強調的是：蛇呈角度排列，然後圍繞方塊形成圓圈，代表的是環繞並通往中心的道路。蛇同時作為陰影與精神性的存在，象徵著無意識。中心的石頭應該是立方體，是哲人石的四元一體形式。圖中四種色彩也同時呼應這個取向 [13]。本案中的石頭明顯地代表新的人格中心——自性，它同時也以容器為象徵。

12　3½ 這個母題（即末世受難的天數；可參見《啟示錄》11:9 與 11 章）指的是煉金術瑪麗亞公理中的「3 或 4？」難題，或指簡單整數比中的 3:4。包含三分之一的整數比的有 3+1/3。

13　有個有趣的美國印地安人圖像與此曼陀羅非常相似：一條白蛇環繞一個狀似十字架、畫有四種色彩的中心。參見《納瓦荷射箭吟唱儀式沙畫》（Newcomb and Reichard, *Sandpaintings of the Navajo Shooting Chant*），圖十三，頁 13、78。這本書收錄許多有趣的彩色曼陀羅。

圖五

大圖請見 259 頁

〔652〕畫作出自一名有精神分裂傾向的中年女性。她已好幾次自動地畫出曼陀羅，因為這些圖為她混亂的心靈帶來秩序感。這幅畫呈現一朵玫瑰，為東方蓮花的西方對應物。印度怛特羅教義視**蓮花**為子宮。我們從眾多佛坐蓮中（與其他印度神祇）的圖像中，認識到這個符號。[14] 它對應了中國煉金術裡的「黃金之花」（太乙金華）、玫瑰十字會的玫瑰，以及但丁《神曲：天堂》（*Paradiso*）裡神祕的玫瑰。玫瑰與蓮花通常以四瓣一組做層次排列，代表化圓為方或對立面的合一。玫瑰作為母親子宮象徵的意義，對西方神祕主義者一點也不陌生，因為我們都讀過被洛雷托連禱文（Litany of Loreto）啟發的祈禱文：

14　孩童時期的埃及神祇荷魯斯，也常被描繪為坐在蓮花裡的小孩。

喔　玫瑰花環，你的綻放使人喜極而泣。

喔　瑰紅太陽，你的熾熱令人們逐愛。

喔　太陽之子，

玫瑰赤子，

光芒。

十字架之花，純潔子宮　盛開

在一切綻放與熾熱之上，

神聖玫瑰，

瑪利亞。

〔653〕容器的母題同時表達了內容物，就像夏克提代表濕婆的具體化身。煉金術顯示，自性為陰陽同體，同時包含陽性與陰性原理。中世紀德國詩人維爾茨堡的康拉德（Conrad of Würzburg）提及瑪利亞時，形容她為一朵耶穌藏身其中的海上花。我們也在一首古老讚美詩中讀到：

天空乍現一朵玫瑰

身穿明媚花衣裳。

它的光芒在三位一體中閃耀

因上帝已披上了它。

圖六 ¹⁵

大圖請見 260 頁

〔654〕中間的玫瑰被刻畫為一顆紅寶石，外圈則被設想為一個車輪或有柵門的城牆（因而裡面的東西跑不出來，外面的也進不去）。這個曼陀羅是一名男性患者在分析期間所畫。內容出自一個夢：夢主發現他和三位年輕的旅伴到了利物浦（Liverpool）。¹⁶ 時值夜晚，正下著雨。空氣裡滿是煙霧與煤灰。他們從港口往上爬到「上城」（upper city）。夢主說：「那裡又暗又令人難以忍受，我們不懂為什麼有人願意待在這裡。正談到這個，其中一個夥伴便

15　譯註：本圖為榮格所繪。

16　請注意利物浦這個地名的原文由「肝－池」（Liver-pool）組成。肝為生命之源，生命所在。（參見《榮格自傳：回憶‧夢‧省思》。）

說，奇特的是他一位朋友就定居在此，大家聽了都很驚訝。在談話間，我們來到城中央的一個公共花園。公園是四方形，中間有個湖或是大池塘。幾盞路燈剛亮起照亮漆黑，我看到池塘中有個小島。島上有一棵開紅花的木蘭樹，奇蹟般地沐浴在永恆日光中。我發現夥伴們竟然都沒看到這個奇景，我開始了解為何那個人要定居在此。」

〔655〕夢的主人繼續說：「我試圖畫下這個夢。但一如既往，畫出來的總是跟夢本身不一樣。木蘭樹變成像是紅色彩繪玻璃構成的玫瑰。它像一顆四芒星般閃耀。方形代表公園的圍牆，也同時是圍繞公園四周的方形街道。方形以放射狀發展出八條主要街道，後者再放射出八條小街道，最後都交會於中心的紅色光點，就像巴黎的星形廣場（Étoile）。[17] 夢裡提到的那個熟識，就住在這群星星中某個角落的屋子裡。」這個曼陀羅結合了花朵、星星、圓圈、中庭（temenos；**聖域**）等古典母題，並以堡壘畫分出四塊區域的城市規劃。夢主寫道：「這一切，看來彷彿是一扇通向永恆的窗。」

17　譯註：星形廣場（Place de l'Étoile）也是巴黎凱旋門的所在地，1899 年落成，12 條大街的交會，因形狀而命名；之後多次改名，1970 年 11 月 13 日為紀念逝世不久的前法國總統夏爾・戴高樂而改為現名戴高樂廣場（Place Charles de Gaulle）。

圖七

大圖請見 261 頁

〔656〕中心為十字架的花朵母題。方形本身也以花朵的形式配置。四角上的四張臉對應四個方位，這四個方位常被描繪為四個神靈。在此祂們則具惡魔般的特質。這或許和她出生於荷屬東印度群島，吸收了哺乳她的當地褓姆所信仰的魔鬼傳說。她眾多繪畫裡都具有東方特質，這幫助她能順利吸收她原生的西方心靈所無法調和的影響。[18]

〔657〕接下來的圖裡，魔鬼的面孔則被精心安排面向八個方位。對一般觀者，整體裝飾性的花朵造型，掩蓋了曼陀羅所要驅逐的惡魔元素。患者感到「惡魔」的效應來自歐洲道德主義與理性主義的影響。她出生起便在東印度待到六歲，之後便進入傳統的歐洲環境。這對具有花朵般特質的東方精神的她，造成災難性的傷害，

18　【參見《心理治療的實踐》（*The Practice of Psychotherapy*），第二版，附錄段落 557。——英譯編者按。】

導致長期心理創傷。在治療之下，她內在長期被壓抑的原初世界，隨著這些畫終於浮出表面，並帶來心靈的復原。

圖八

大圖請見 261 頁

〔658〕花樣造型發展更加強烈，「魔性」（demonishness）的臉孔開始遍佈叢生。

圖九

大圖請見 262 頁

〔659〕這是後期階段的圖片。製圖精細且色彩及形式表現豐富。在此我們不僅看到患者不凡的專注力，也見識到東方的「花樣性」（flowerlikeness）戰勝了西方的唯智主義、理性主義與道德論。與此同時，新的人格中心鮮明可見。

圖十

大圖請見 262 頁

〔660〕在這幅由另一名年輕女患者所繪的曼陀羅中，我們看到四個方位上畫有四種動物：鳥、羊、蛇，以及一個長有人面的獅。這四種動物，連同四個區域所上的四個顏色，體現了四原理。曼陀羅的內部是空的。或者，正確的說法是，它包含了一個由四元一體所表達的「無」（Nothing）。這和絕大多數的個別曼陀羅相一致：中心大多包含了我們透過煉金術得知的圓形母題、四界，或是圓中方，或者（較罕見的）出現象徵病人的人類原型——代表安索波斯。[19] 我們也在煉金術中發現這個母題。四種動物讓我們想

19　【參見《心理學與宗教》，段落 136、156。】

到以西結靈視中的天使 [20]、四位福音書作者，以及荷魯斯的四個兒子，他們也常以同樣的方式被表現：三個獸首，一個人頭。動物通常象徵無意識本能的力量，這些力量在曼陀羅內被統合。對本能的整合是個體化的先決條件。

圖十一

大圖請見 263 頁

〔661〕繪圖者為一名年長病人。這裡的花朵形式不是常見的曼陀羅基本圖案，而是向上生長。由於圓圈被保留在方形內部，因此即使繪製的方式有差異也可以被視為曼陀羅。植物代表了生長與發展，就像**拙火**瑜珈圖系統中，位於橫隔膜的太陽**脈輪**（chakra）的綠芽。綠芽象徵濕婆並代表中心點與陽性，花萼則代表陰性，為發芽與誕生之處。[21] 如此，蓮花座上的佛陀表示神的誕生。這代表神的升起，就如象徵埃及太陽神拉（Ra）的隼、自巢中升起

20　譯註：參見第 2 章註釋 106 中之譯註。

21　【參見榮格著，〈哲學樹〉，段落 336 及圖 27。──英譯編者按。】

的鳳凰，或樹頂上的密特拉斯（Mithras）[22]，或是坐在蓮中之幼兒期的荷魯斯。他們都象徵了在播種的母體中的**初生狀態**（*status nascendi*）。中世紀讚美詩裡也歌頌瑪利亞為花萼筒，讓化身為鳥的基督降臨其中築巢。心理層面上基督意謂合一，對外身披教會的**聖體**（*corpus mysticum*）或是上帝之母（「神祕玫瑰」；mystic rose）的身軀，周圍以花瓣圍繞，以此方式在現實中展露它自己。基督的意象便是自性的象徵。[23] 就如植物代表生長，這朵花描繪了由中心向外綻放。

圖十二

大圖請見 263 頁

22　譯註：密特拉斯為西元一至四世紀盛行於羅馬的密教「密特拉教」（Mithraism）所敬拜的神祇，被視為光明與真理之神，亦即代表太陽神，並被視為**無敵的太陽**（*Sol invictus*）；最早起源於印度－伊朗祆教所敬拜的密特拉（Mithra）神。密特拉教盛行時期剛好是基督宗教發展的初期，為其競爭對手。傳說密特拉斯從石頭中奇蹟般地誕生，他誕生日即為十二月二十五日。羅馬時期的基督教，為了爭取異教徒改信基督教，據信挪用密特拉斯的誕生日作為基督誕辰日，並採用密特拉斯站在聖樹（絲柏樹）頂端的意象，在絲柏樹上進行點燈的儀式，象徵生命與豐饒的生育力。

23　參見《伊雍》第 5 章。

〔662〕四道光從中心向外放射，貫穿整張圖，使中心充滿動感。花的結構為四的倍數。這張圖完全展現患者具藝術天賦的人格特質（圖五也是她畫的）。此外，她對基督教神祕主義的強烈感受，在她生命中佔有重要角色。體驗基督教象徵的原型背景對她相當重要。

圖十三

大圖請見 264 頁

〔663〕這張照片是一位中年女性所織的地毯，跟身心內外面臨巨大壓力的潘尼洛普（Penelope）[24] 所做的事一樣。她是一名醫

24　譯註：潘尼洛普為荷馬史詩《奧德賽》（Odyssey）中的女主角。潘尼洛普為奧德賽妻子，在奧德賽失蹤的十年中，她一邊鎮守王宮、一邊扶養幼年獨子，同時要面對覬覦奧德賽王位而追求她，並賴在王宮不走的 108 位追求者。潘尼洛普與奧德賽一樣機智：她以編織著名，為了延遲追求者的逼婚，便以編織祭祀奧德賽用的裹屍布為由，聲稱於編織完成後，便選擇追求者成婚。事實是，她於白晝編織，但每到夜晚便將當天所織拆線，第二天又重新織布，日

師，圍繞自己織起這個魔法圈，數月來每天都織一點，以平衡生活中遭遇的困難。她不是我的病人，所以不可能受到我的影響。地毯裡有一朵八瓣的花朵。地毯的一個特色便是有具體的「上與下」。上面是光；下面則較晦暗，裡面有一隻甲蟲，象徵無意識內容，也等同於以凱布拉（Khepera）[25] 意象出現的太陽。「上與下」有時候出現在保護圓圈之外，不在其內。這個時候，曼陀羅便提供面對極端對立勢力的保護；亦即，尖銳的衝突在此時尚未成立，不然就會讓人無法忍受。因此，這層保護圈防止了因對峙張力所導致的可能破壞。

圖十四

大圖請見 265 頁

〔664〕這是一幅印度**濕婆明點**──尚未開展的點──的圖，所表現的是創造開始前的神聖力量：對立面仍處於合一狀態。神

復一日使織布無完成之日。她依此計進行三年之久，直到某夜她拆線行徑被發現而失敗。

25　譯註：凱布拉（Khepera）是臉部為聖甲蟲造型的埃及神祇，象徵日出與日升。

明安歇於明點中。蛇在此象徵開展延伸，為生成之母，形式世界的創造。這個點在印度也被稱作 Hiranyagarbha——「金芽」，或「金蛋」。我們可從《摩訶婆羅多》（Sanatsugatiya）的斡旋篇中讀到：「那純粹燦爛的光，那受所有神祇崇拜的偉大榮光，使太陽得以照耀，那神聖、永恆的存在，僅虔誠者得以感知。」[26]

圖十五

大圖請見 265 頁

〔665〕這張也是由一名中年女性患者所繪，顯示化圓為方。其中的植物同樣象徵發芽與生長。中間為太陽。我們可從蛇與樹的母題看出這是天堂的概念。與此相似的是納森尼（Naassene）的諾斯替教派中關於伊甸與天堂四條河流的概念。[27] 關於蛇在曼陀羅圖像中的意義，請見本書第二章我對圖三、四及五的評註。

26　《東方聖書》（*Sacred Books of the East*），第八卷，頁 186。

27　譯註：納森尼（Naassene）一字源字希伯來文，意思是蛇。伊甸與天堂四條河流的神話，見本書段落 552。該神話中的蛇，名字即為納斯（Naas）。

圖十六

大圖請見 266 頁

〔666〕這是由一位患有精神官能症的年輕女性所畫。這條蛇的不尋常之處，在於它獨自處於畫中央，它的頭便位在中心。通常蛇的頭不在內圈，若在內圈則圍繞著中心點。這讓我們懷疑（最後證明這懷疑是對的）內在的黑暗欲遮掩的不是對合一——自性——的渴望，反而是患者幽暗的陰性本質。在後來一幅圖中，曼陀羅破裂，而蛇也跑出來了。

圖十七

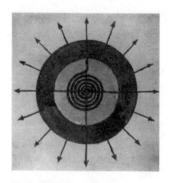

大圖請見 266 頁

〔667〕這張圖由一位年輕女性所畫。這幅曼陀羅其「合理」之處在於蛇盤繞著散出四道光芒的中點。它試圖逃脫：這象徵拙火的甦醒，代表患者的陰暗面開始活躍。這也可從向四面八方外射的箭頭看出。在實務上，這意謂開始意識到自己本能的特質。蛇在古文明中象徵脊髓神經節與脊髓。在其他狀況下，向外射的箭頭可能代表相反的意義：保護內在免受傷害。

圖十八

大圖請見 267 頁

〔668〕這由一名年長病患所畫。和前面那張外放的圖不一樣，這張圖「朝內傾」。蛇身沿著四道光線的中心盤繞，蛇首則停留在白色的中心點上（**濕婆明點**），彷彿它頭戴光環。中間點似乎正在孵化──這是蛇護衛寶藏的母題。中心通常被形容為「難以獲得的寶藏」。[28]

28　參見《轉化的象徵》，第二部，第 7 章。

圖十九

大圖請見 267 頁

〔669〕此為一中年女性所畫。同心圓表示專注。圍繞圓心的魚更加強調這一點。數字 4 同時有聚精會神之意。向左旋很可能意謂往無意識移動，亦即沉浸其中。

圖二十

大圖請見 268 頁

〔670〕這張與圖十九類似：這個魚的母題素描，是我在印度貝拿瑞斯（Benares）大君亭的天花板上看到的。

圖二十一

大圖請見 268 頁

〔671〕在這裡魚取代了蛇。魚和蛇同時象徵基督與魔鬼。這隻魚在無意識的海洋激起漩渦，在這當中一顆珍珠正在成形。《梨俱吠陀》（Rig-Veda）有段詩歌：

> 黑暗　隱匿於漆黑之中，
> 無光的海洋迷失在夜裡。
> 接著，藏在貝殼中的至高存有，
> 藉激烈煎熬的力量而誕生。
> 愛始於它，
> 是為知識的萌生與種子。[29]

29　《梨俱吠陀》（Rig-Veda），第十卷，129 首，多森（Deussen）翻譯，第一部，頁 123。

〔672〕蛇通常是無意識的化身，而魚常代表無意識的內容之一。詮釋曼陀羅時得謹記這些細微的差異，因為這兩個符號極可能是對應兩種不同的發展階段：相較於魚，蛇代表較原始與本能的狀態，前者在歷史上被賦予比蛇更高的地位（參見基督魚〔Ichthys-symbol〕[30] 這個符號）。

圖二十二

大圖請見 269 頁

〔673〕這張圖由一位年輕女性所繪，魚因環繞而分化出一個中心，中央是一個母親抱著小孩站在造型化的生命之樹或知識樹前。這條魚具有龍的特徵：它是隻怪獸，像拉斯沙姆拉（Ras Shamra）出土文獻中提到的原為一條蛇的海怪利維坦。[31] 魚在這裡同樣是朝左旋。

30　譯註：Ichthys 符號源自希臘文的魚（ΙΧΘΥΣ），為早期基督宗教為躲避羅馬帝國迫害所使用的代號。基督徒以希臘文的魚的每個字母為字首，用以形成五個詞，暗稱「耶穌基督為神之子救世主」。因此「Ichthys」常被稱為耶穌魚或是基督魚。

31　【參見《伊雍》，段落 181 以下。──英譯編者按。】

圖二十三

大圖請見 269 頁

〔674〕這裡的金球相應於金芽（Hiranyagarbha）。它正在旋轉，而盤繞在它周圍的拙火數量亦加倍。這表示意識的出現，因為來自無意識的內容在某個時刻一分為二：一為意識，另一為無意識。這個加倍不是意識心靈所造成，而是無意識自發的產物。翅膀（卐字符的母題）向右旋轉，也同樣表示意識的成形。群星顯示中心具有宇宙的結構。它有四道光，因此運作有如天體。百道梵書（Shatapatha-Brahmana）中說：

接著他抬頭仰望太陽，因為那是最終目標，安全的居所。他朝那最終的目標、最安全的庇護而去。為此，他仰望太陽。

他抬頭往上看：「自立自在的你，無上的光芒！」太陽的確是至高的光芒，因此他說：「自立自在的你，無上的光芒！」「賜予光的你：給我光（varkas）吧！」「我如此說，」聖者耶若婆佉（Yajñavalkya）說，「婆羅門若想得到梵天的神聖光輝照耀，就應

為此奮鬥。」

隨後他從左向右轉，說道：「我依太陽軌道運轉。」在抵達那最終目標、安全之所後，現在的他隨太陽的軌道運轉。[32]

〔675〕這個太陽有七道光芒。一個評論者說其中四道光分別指向四個象限；一道朝上，另一道朝下，但第七道也是「最佳」的光芒朝內，它同時也是太陽，稱為金蛋（Hiranyagarbha）。依據印度哲學家羅摩努闍（Ramanuja）對《吠檀多經》（*Vedanta Sutra*）的評註，[33] 金蛋為至高自性，是「所有個別靈魂的集體聚合」。它是至高無上的梵天之身，代表集體心靈。關於自性為集體之複合體這個概念，可參考奧利金所說的「每個人都非單一，而是眾多」以及「眾人皆正義，唯獨一人獲得王冠。」[34]

〔676〕本圖創作者為一名六十歲、具藝術天賦的女性。她長期受阻的個體化歷程，在治療後得到釋放，激發了她的創造活動（圖二十一也出自她手），並因此產生一系列色彩愉悅的畫，暢快表達了她強烈的經驗。

32　頁 1、3、9、15，摘自《東方聖書》，第十二卷，頁 271 以下，已修正。

33　摘自《東方聖書》，第四十八卷，頁 578，已修正。

34　《王國之書的佈道》（*libros Regnorum homiliae*），第 1 章，第 4 節（《偉大希臘教父叢書》〔*Migne, P.G.*〕，第十二卷，欄位 998-99）。

圖二十四

大圖請見 270 頁

〔677〕此為上圖同一病患所繪，她自己身處中心，正處於冥想或專注狀態：她取代了之前魚與蛇所在位置。她理想的自我形象則環繞珍貴的蛋。她靈活柔軟的腿，有如出自水妖。這類畫面的心理象徵重複出現於教會傳統。東方的濕婆—夏克提在西方被稱為「被女人圈住的男人」、基督與他的教會新娘。這可與《彌陀—婆羅門奧義書》（*Maitrayana-Brahmana Upanishad*）所說對照：

> 他〔自性〕也是溫暖一切的太陽，被千眼金蛋所藏匿，有如以火遮火。他是思維的對象，被追尋的對象。當一個人對一切生命告別了、深入過林間，並棄絕了一切感官事物，就讓他從自己肉身中感知自性。[35]

〔678〕在此，從中心發出的光芒同樣擴散到曼陀羅保護圈之

35　第 6 章，第 8 節，摘自《東方聖書》，第十五卷，頁 311。

外。這表達了一個概念：處於內傾狀態的意識能產生深遠影響。[36]
也可說是與世界具有某種**無意識**的聯繫。

圖二十五

大圖請見 271 頁

〔679〕本圖由另一位中年患者所繪。其中展現了個體化歷程
的各種階段。圖下方的她陷入地下根系的纏繞（**拙火**〔kundalini〕
瑜珈中的**底輪**〔*mūlādhāra*〕）。圖中央的她則在研讀書本，灌溉
她的心靈、擴充知識與意識。圖頂端則是重生，她受到天體般的光
明啟發，開闊人格並使之自由。圓狀天體代表了曼陀羅「上帝的國
度」[37]的面向，而下方輪狀的曼陀羅則象徵大地與幽冥。這裡面自
然與精神的整體彼此對峙。曼陀羅的組成也很特殊：六道光、六座

36　譯註：參見段落 590，榮格對 X 小姐圖八的分析，同樣提及內傾、封閉的自性，仍對周遭環
　　境散發出深遠影響。
37　譯註：出自雅各·波墨。參見本書第 2 章圖二，榮格對圖例 1 的引用與說明。

山峰、六隻鳥及三個人。此外它處在一個界線分明的上與下之間，這個切分也重複出現在曼陀羅內部。上方的明亮光體正向下降臨到六元或三元系統，並已跨越輪形的邊界。數字 6 是偶數 2 與奇數 3 的**加乘結合**（*coniunctio*）所致，因此傳統上代表創造與演變（偶數與奇數＝陰性與陽性）。哲人斐洛・尤迪厄斯（Philo Judaeus）因此稱 6（*senarius*）為「最適合代表創造的數字」。[38] 他說數字 3 代表表面或平坦性，而 4 則指高度或深度。[39] 4（*quaternarius*）「表現了固體的本質」，而前三個數字則賦予或創造了精神性智慧。數字 4 表現為三面向的金字塔形式。[40] 六元系統表示曼陀羅由兩個三元體系組成，而上半部則自成一個斐洛所說的四元一體，處於「平衡與公正的狀態」。曼陀羅下面則潛伏著未被整合的烏雲。這張圖表現了一個普遍狀況，那便是人格需要同時向上與向下伸展。

圖二十六

大圖請見 272 頁

圖二十七

大圖請見 272 頁

38　《論世界之創生》（*De opificio mundi*），參見寇森（Colson）譯本，第一卷，頁 13。

39　譯註：這裡可明顯看到受畢達哥拉斯學派的數字宇宙論概念影響，參見註釋 7 中之譯註簡介。

40　同註釋 38，頁 79。

〔680〕這兩個曼陀羅某種程度上屬於非典型。兩張都出自同一位年輕女性。圖中心和前面的曼陀羅一樣為女性人形，她似乎被包在玻璃球體或透明泡泡中。看來彷彿一個生命體正在成形。除了常見的四道或八道光，兩個曼陀羅都呈現了五的元素。這裡因此出現四與五間的兩難。數字五被分派屬於「自然」人，這與其軀幹上有五個附加肢體結構有關。四則代表**有意識的**整體。與五將人描述為肉身存在恰恰相反，四所描繪的是一個理想的、「靈性」（spiritual）的人，並塑造其為一個圓滿個體。值得注意的是，卐字象徵了「理想」的人，[41] 而五芒星則象徵了物質的肉身之人。[42] 四與五之間的矛盾呼應了「文化」與「自然」彼此間的衝突。這正是該病患的問題。在圖二十六，這個矛盾表現在四組星群中：有兩組各由四顆星構成，而另外兩組由五顆星構成。兩個曼陀羅的邊緣都可看到「慾望之火」。圖二十七的邊緣由看似發光的組織體所構成。與「發光」的曼陀羅形成鮮明對比的是，這兩個曼陀羅（特別是圖二十七）都在「燃燒」。它燒著熾熱慾望，這和《浮士德》煉金燒瓶裡的生命體對肉身的熱烈渴望類似（《浮士德》第二部），而燒瓶中的生命體最終在海精靈嘉勒提亞（Galatea）寶座前粉碎。火代表情慾需求，同時也是在自性最深處燃燒的**命運之愛**（*amor fati*），正試圖塑造患者的命運，以協助自性在現實中落實。猶如《浮士德》裡的生命體，被關在玻璃容器的人形渴望「成真」（become）。

41　這與萬字是向右（卐）或向左旋（卍）有絕大的關係。在西藏，左旋的卍字象徵使用黑魔法的苯教，而非佛教。

42　星星的符號同時受俄羅斯與美國青睞。一個喜用紅色，另一個為白色。關於這些顏色的意義，見《心理學與煉金術》索引之「顏色」。

〔681〕患者本身也意識到這個衝突，因為她說她在畫完第二幅曼陀羅後內心並不平靜。她正值人生的午後階段，年齡三十五歲。她懷疑是否該再生一個小孩。她決定要小孩，但命運不允許，因為她人格的發展顯然在追求完全不同的目標：那是一個文化的而非生物性的標的。這個衝突最後以選擇前者而解決。

圖二十八 [43]

大圖請見 273 頁

〔682〕本圖為一位中年男性所繪。中心為一顆星。藍天中有金色的雲。四個方位上分別有四個人形：上方是冥想中的老人；底部是紅髮如焰、手捧一座神廟的洛基（Loki）或赫菲斯托斯（Hephaestus）。[44] 左右兩邊分別為一暗、一明的女性身形。這四

43　譯註：本圖為榮格所繪。

44　譯註：洛基為北歐神話之神祇，原為巨人族。洛基的名字曾與北歐古字「火焰」相關聯。其性格亦正亦邪，具形象變換（shapeshifting）能力，亦有機智取巧之神（trickster）稱謂，與諸神的關係有時對立或與之協力。赫菲斯托斯為希臘神話中的火神，以及鐵匠與工藝之神。他

個人形代表了人格的四個面向，或是自性外顯的四種原型的意象。兩個女性形象很容易可看出代表阿妮瑪的兩個面向。老人對應的是意義或者精神的原型；陰暗的人形則與上方智慧老人相反，是有魔力的（有時是破壞的）路西法（Luciferian）元素。這是煉金術中偉大的赫密士（Hermes Trismegistus）與墨丘利這狡猾「搗蛋鬼」（trickster）間的抗衡。[45] 環繞天空的圓圈裡，含有構造如原蟲的有機體。在其外圈以四色畫成的十六個球體，其形象衍生自眼球，因此在這代表觀察與辨別的意識能力。與此相似，接下來畫有裝飾花紋的圓圈，開口皆朝內，有如將內容物倒向中心的容器。[46] 反之，沿著外緣的花紋則朝外開啟，彷彿準備接收外物。也就是說，在個體化歷程裡，原本投射出去的又回流「內在」（inside），並再度被整合到人格之中。與圖二十五相反，在此「上」與「下」、陰與陽——像煉金術裡的雌雄同體（hermaphrodite）——被整合在一起。

是天后赫拉之子，但因體型缺陷被赫拉屏除於奧林帕斯山諸神國度之外，他掉到海裡被海精靈賽提斯（Thetis；阿奇里斯〔Achilles〕之母）救起撫養。

45　參見〈童話中的精神現象學〉與〈搗蛋鬼形象的心理學〉（On the Psychology of the Trickster-Figure）；以及〈神靈墨丘利〉。

46　煉金術的〈瑞普利手卷〉（Ripley Scrowle）與其變體中有類似的概念（《心理學與煉金術》，圖257）。在那裡面是天神們將祂們的特質倒入重生之浴中。

圖二十九 [47]

大圖請見 274 頁

〔683〕這裡再度看到以星星象徵中心。這個常見的圖像與前面那張圖一致之處，是以太陽代表中心。太陽也是一顆星，一個在無垠的天空之海發光的細胞體。這張圖顯示自性在一片混沌中以星星的姿態現身。四色的運用強調了四芒星的架構 。本圖重要之處在於它確立了自性為與混亂相對立的秩序原理。[48] 本圖繪者同圖二十八。

47　譯註：本圖為榮格所繪。

48　參見〈東方冥想的心理學〉（The psychology of Eastern Meditation），段落 942。

圖三十

大圖請見 275 頁

〔684〕在這張由年長女性患者所繪的圖裡，我們再度看到曼陀羅分裂為上與下：天在上，海在下，一如綠色背景上的金色波浪所示。四個翅膀圍繞著僅以橘紅色點標記的中心向左旋轉。對立面在此亦被統合，這或許是導致中心旋轉的原因。

圖三十一

大圖請見 275 頁

〔685〕這是一個以對偶為基礎的非典型曼陀羅。金色與銀色弦月分別構成上下的邊界。內部則上為藍天，下為黑色鋸齒狀的城牆。城垛上立著一隻開屏孔雀，往左則有一顆蛋，應該是孔雀的。基於孔雀與孔雀蛋在煉金術及靈知主義中佔有的重要角色，一旦分隔的黑色城牆倒塌，我們便可預期**孔雀尾巴**奇蹟與「所有顏色」（出自波墨）的出現[49]，圓滿性逐步開展與實現（見圖三十二）。患者認為蛋會裂開生出新的東西，也許是條蛇。在煉金術中，孔雀與鳳凰同義。一則關於鳳凰傳說的版本是：盔犀鳥吃掉自己後，一隻蟲自灰燼中成形，而那隻鳥又自蟲復活。

圖三十二

大圖請見 276 頁

〔686〕這張圖從蘇黎世中央圖書館的《萊茵河煉金手抄本》（*Codex Alchemicus Rhenoviensis*）複製而來。其中的孔雀代表浴火重生的鳳凰。大英博物館的一個手抄本中也有類似圖案，但那隻孔雀

49　譯註：參見第 2 章中榮格對圖七的評述，段落 580。

像生命體一樣被關在煉金燒瓶──**密閉容器**（*vas hermeticum*）。[50]
孔雀是古老的重生與復活象徵，常在基督徒的石棺上見到。在圖中
孔雀旁的容器裡，出現了**孔雀尾巴**的七彩虹色，象徵轉化的歷程接
近終點了。煉金歷程裡**善變的蛇**或龍被轉化為一隻老鷹、孔雀，赫
密士的鵝，或是鳳凰。[51]

圖三十三

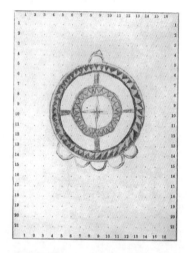

大圖請見 277 頁

　〔687〕這是一個七歲男孩畫的圖，其父母有婚姻問題。
他畫了一系列這種有圓圈的圖掛在床邊，稱這些為他的「愛」
（loves），沒有這些圖在身邊他就睡不著覺。這代表了這些「有魔
力的」圖片在他身上仍以它們最初的意義發揮作用──作為守護他
的魔法圈。

50　參見約翰・里德（John Read），《化學的序幕》（*Prelude to Chemistry*），卷首插畫。

51　參見《心理學與煉金術》，段落 334 與 404。

圖三十四

大圖請見 278 頁

〔688〕這出自一位十一歲女孩，雙親離異後她極困頓沮喪，畫了許多畫都明顯現出曼陀羅的架構。在這出現的，也是阻止外在逆境入侵心靈空間的魔法圈。它們象徵自我保護。

〔689〕和**中圍**（*kilkhor*；藏語的曼陀羅）——西藏的世界輪（見圖三）——一樣，這張圖的兩邊有像獸角一樣的東西，我們可知這屬於魔鬼或與其相關的獸符。下方斜睨的眼神，代表鼻子與嘴的兩筆劃，也都是惡魔的。這都說明了惡魔潛伏在曼陀羅背後。或許「惡魔們」被魔法強大的圖所遮蔽並被消滅——這也是曼陀羅的目的，不然就像西藏的世界輪所示，世界困在死神的魔爪下。這裡的惡魔僅從邊緣偷窺。我在其他類似案例裡看過這所代表的意義：一名有天賦的患者，畫了一張典型的四元一體曼陀羅並貼在一張厚紙上。背後有一個圓圈與之對應，裡面畫滿了變態的性圖案。這種曼陀羅的陰暗面代表失序與破壞的傾向：一旦個體化歷程停滯不前，或自性未被實現而陷於無意識狀態，藏在自性背後的「混亂」便伺機暴走。這種心理現象，已表現在煉金師們的墨丘利的雙重性

上：一方面他是祕儀最高導師及引靈神赫密士，另一方面他是毒
龍，是惡靈與「搗蛋鬼」。

圖三十五

大圖請見 279 頁

〔690〕這是同一個女孩的畫。環繞太陽的圓圈上面都是眼
睛，其外則繞著一隻銜尾蛇。多眼這母題常出現在個人畫的曼
陀羅中（見第二章圖十七與圖例 5）在《彌陀—婆羅門奧義書》
（Maitrayana-Brahmana Upanishad）第六章第 8 節中，金蛋被形容
有「千隻眼」。曼陀羅裡這些眼睛無疑代表覺察的意識，但我們別
忘了，在文本或圖像裡，眼睛都被視為一個神話人物的特徵，那就
是觀看者安索波斯 [52]。就我看來，這似乎顯示了對透過魔力般的凝
視來吸引意識心靈注意的一種著迷。（參見圖三十八與三十九）

---

[52] 譯註：這應出自希臘哲學家柏拉圖的對話錄《克雷提樂斯》（Cratylus）。《克雷提樂斯》主
旨在討論命名的正確性。其中，蘇格拉底談到「人類」安索波斯（anthropos）的語源，可拆
成 anathrôn ha opôpe，意思是：「對其所見仔細觀察的」（399e）。

大圖請見 280 頁

〔691〕這裡畫的是中世紀城市：城牆及護城河、街道與教堂的分佈以二次方佈局。跟北京的紫禁城一樣，內城再度被城牆與護城河圍住。建築物的開口皆朝內，面向一個代表中心的金色屋頂城堡。城堡也有一圈護城河圍起，周邊鋪有黑白相間的地磚，代表對立面的結合。這幅曼陀羅由一名中年男性所畫（參見圖六、二十八與二十九）。這類圖片在基督教的象徵中並不令人陌生。眾人皆知《啟示錄》裡的聖城耶路撒冷。來到印度的世界觀中，我們則發現座落世界中心的須彌山（Meru）上的梵天之城。我們也在《金花的祕密》裡讀到：「《黃庭經》說道：『寸田尺宅可治生。』那尺宅便是顏面。顏面上之寸田：除了天心還能是什麼？兩眼方寸之

53　譯註：本圖為榮格所繪。

間便有輝煌景致，玉石之城紫堂廳，那裡為空寂與生命之神的居
所。」[54]

圖三十七

大圖請見 281 頁

〔692〕這張由圖十一和三十的同一患者所繪。此處的「播種
地」被描繪為一個包覆在旋轉球體中的小孩。四個「翅膀」被塗以
四個基本色。小孩與金芽及煉金術士的生命體相對應。神話中「神
子」（Divine Child）這個母題便基於此類想法。[55]

54　《金花的祕密》，頁 22。
　　譯註：榮格此處引用《金花的祕密》的譯文，在《太乙金華宗旨》之原文為「《黃庭經》
　　云：『寸田尺宅可治生，尺宅面也，面上寸田，非天心而何？方寸中具有鬱羅蕭台之勝，玉
　　京丹闕之奇，乃至虛至靈之神所注。』」
55　見〈兒童原型的心理學〉（The Psychology of the Child Archetype）與〈處女珂芮的心理學面
　　向〉（The Psychological Aspects of the Kore）。

圖三十八

大圖請見 281 頁

〔693〕這個旋轉的曼陀羅由圖二十一與二十三的患者所繪。特別之處在於四個金翅膀形成的四元架構，以及由三隻繞著中心跑的狗形成的三合體。牠們紛紛背對中心，可知對牠們而言，中心仍處於無意識狀態。曼陀羅另一特殊之處是三合體向左旋，而翅膀向右轉。這並非偶然。狗象徵意識「嗅到」或「感應」（intuiting）到無意識；右旋的翅膀顯示無意識朝向意識運轉，同時呼應患者當時的狀況。狗雖然看不到中心，卻彷彿為其所迷。牠們似乎代表了意識心靈所感受到的魔力。這張圖體現了前述提及的 3:4 精神。

圖三十九

大圖請見 282 頁

〔694〕這張和上一張屬同一母題，但以兔子的意象表現。這是德國帕德博恩（Paderborn）一個歌德教堂的窗飾。雖然旋轉本身預設了中心的存在，但沒有可見的清楚標示。

圖四十

大圖請見 282 頁

〔695〕這由一名女患者所繪。在此同樣顯示了 3:4 的架構，這是柏拉圖《蒂邁歐篇》（*Timaeus*）開場所遭遇的難題，[56] 如我曾

56　譯註：柏拉圖對話錄《蒂邁歐篇》為柏拉圖的宇宙論。開場的對話，是蘇格拉底與蒂邁歐針對如何斷定是三位或是四位訪客不到場的討論。這個 3 或 4 的數字線索，也為隨後蒂邁歐提出的宇宙生成論原理埋下伏筆。在《蒂邁歐篇》裡，柏拉圖將先蘇哲學時不同哲學家所提出的宇宙基本元素集大成，提及宇宙有一如工匠性質的巨匠造物主（Demiurge），模仿上帝而創造萬物，而其用以創造世界的基本四元素為火、風、水、土。受畢氏學派以數學（特別是數字）為基礎的和諧宇宙論影響，柏拉圖更進一步說形成這元素的為三角形（幾何），使基礎四元素各自形成：四面體（火）、八面體（風）、二十面體（水）、立方體（土）。除了以上四元素的論述與脈絡，本篇提出的宇宙生成與架構中，宇宙具有以下特徵，影響之後的新柏拉圖主義與煉金術思維：（1）宇宙本身是有機活物；（2）具有靈魂；（3）是球狀體，因為這是最完美的形狀；（4）宇宙中具有時間性，因為它是巨匠造物主模仿永恆不變的

指出的，這也在煉金術中扮演重要角色，例如瑪麗亞公理。[57]

圖四十一

大圖請見 283 頁

〔696〕這由一名具精神分裂傾向的年輕女患者所繪。與病理相關的元素，表現在中心地帶四分五裂的「斷線」。這些斷線所形成的銳利與尖突形態，顯示出可能阻礙人格整合的邪惡傷害力量與破壞衝動。但周圍規則的曼陀羅結構，或許有可能抑制這危險的分裂傾向。這點也在患者接受進一步治療後，在其後續發展中得到證明。

存在——理型（Form）——而被造出。

57　參見〈三位一體教條的心理學進路〉（A Psychological Approach to the Dogma of the Trinity），段落 184。

圖四十二

大圖請見 284 頁

〔697〕這幅顯示精神失衡、不安的曼陀羅，為一名未婚年輕女性在內心充滿衝突時期所繪：她在兩名男性間左右為難。外圍邊環由四種顏色組成。中心以奇特的方式表現雙重性：烈焰從藍色星星背後的黑色地帶噴出，而右邊出現了一個血管滿佈的太陽。五芒星暗示了象徵人類的五角星形符號：代表其雙臂、雙腳與頭皆價值相同。我之前說過，這指的是純粹本能的、處於幽冥、無意識的人（參見圖二十六與二十七）。星星為藍色，其本質為冷調。但初升的太陽卻為暖調的黃與紅。太陽（看起來很像孵化蛋的蛋黃）通常代表意識、啟示與理解。因此我們可以這樣看這個曼陀羅：病人身上逐漸出現一線曙光，她正走出之前的無意識狀態——即以純粹生理與理智功能而存在的樣態。（理性不保證更高層次的意識能力，它僅是片面的意識！）新的狀態則由紅（感受）與黃或金（直覺）來表徵。因此人格中心正在變動，轉換至心與感受所屬的溫暖地

帶。而直覺被納入其中，則暗示了對圓滿性的一種摸索的、非理性的領會。

圖四十三

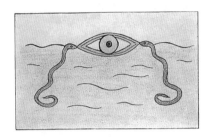

大圖請見 285 頁

〔698〕這是由一位中年女性所繪。她沒有精神官能問題，但正為個人的靈性發展而努力，為此運用積極想像於曼陀羅。這些努力促使她畫出從無意識（大海）的深淵誕生了新洞見或新覺醒的意識（眼睛）。眼睛在這裡代表自性。

圖四十四

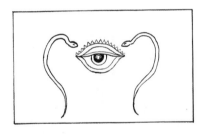

大圖請見 285 頁

〔699〕這張素描所描繪的，是我在突尼西亞莫克寧鎮（Moknine）一棟房屋拍下的羅馬地磚圖形。這是用來驅逐邪惡之

眼。

圖四十五

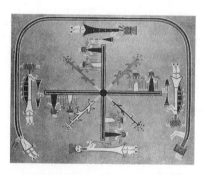

大圖請見 286 頁

〔700〕這是納瓦荷印地安人為治療儀式所做的曼陀羅，他們煞費苦心以染色沙製作而成。這種曼陀羅是為病患舉行的山地吟唱儀式的一部分。彩虹女神的身體以寬大弧形環繞中心。方形頭顱代表女神靈，圓形則代表男神靈。站在十字架臂上的四對神祇，暗示了往右旋的卐字。圍繞卐字的男神也同樣向右旋轉。

圖四十六

大圖請見 287 頁

〔701〕另一幅納瓦荷印地安人的曼陀羅，這是為男性射箭吟唱儀式所做。四個長角的頭分別以四種顏色著色，同時對應四個方位。[58]

圖四十七

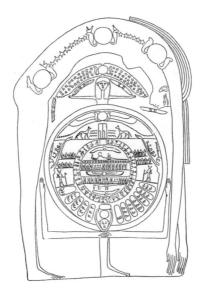

大圖請見 288 頁

〔702〕與前面圖片相對照，這裡出現的是埃及天空之母的壁畫，她的身體和彩虹女神一樣，拱身彎曲於「大地」圓形的地平線上方。站在曼陀羅後面的應該就是大氣之神，位置和圖三與三十四的惡魔一樣。下方為象徵生命精華的卡（ka）的雙臂，呈敬拜姿勢

58　我非常感謝瑪格麗特·薛維爾（Margaret Schevill）提供這兩張圖片。圖四十五是《心理學與煉金術》中圖 110 沙畫的變化。

並裝飾以眼睛，向上高舉曼陀羅，大概象徵「兩個大地」的圓滿性。[59]

圖四十八

大圖請見 289 頁

〔703〕這張圖出自賓根的賀德佳（Hildegard of Bingen）[60] 的手稿，裡面描繪被海洋、大氣與星辰滿佈的天空包圍的地球。[61]

〔704〕波墨在《關於靈魂四十問》（*Questions concerning the Soule*）一書中有一個曼陀羅（見第二章圖例 1），其外圍各有一明一暗的半圈背對彼此。它們代表了未結合的對立面，理應是要由

59　這張圖是從倫敦大英博物館寄來的。原作似乎在紐約。

60　譯註：賓根的賀德佳，德文原名為賀德佳‧馮‧賓根（Hildegard von Bingen, 1098-1176），為中世紀德國博學多才的神學家、哲學家、作曲家、文學家與靈視天啟者（visionary），又被稱為聖人聖賀德佳或萊茵河先知（Sibyl of the Rhine）。賀德佳自幼便有靈視能力，進入修道院後，於 1141 年四十二歲時，在一次靈視中認為被上帝要求她寫下她這些經驗，因而她重要的著作中便有三大部的靈視天啟的神學論。她亦為中世紀重要宗教作曲家，並撰寫兩本自然醫學治療書籍。本書第 2 章中榮格提及的 benedicta viriditas（「幸福的生命綠光」）便出自賀德佳。

61　盧卡（Lucca），政府圖書館，1942 手抄本，開本 37。

位於兩者間的愛心來結合它們。這張圖很不尋常，但恰當地表現潛在基督教世界觀下無法消解的道德衝突。波墨說：「靈魂是永恆深淵中的一隻眼，與永恆相似，代表第一原理完美形象，相對於永恆的大自然，靈魂有如天父上帝自身。就其自身所有的本質與實體而言，首先是自然圈，並具有前四種形式。」在同一篇論文中，波墨說道：「靈魂的實體與意象可能與地球類似，會長出美麗的花朵……」「靈魂是一隻熾熱的眼……來自永恆自然的中心……類似第一原理。」[62] 作為眼睛，靈魂「接收光線，就如月亮接受太陽光輝……因為靈魂的生命源自火。」[63]

圖四十九

大圖請見 290 頁

圖五十

大圖請見 291 頁

62　《靈魂附錄之摘要》（*A Summary Appendix of the Soul*），頁 117。
63　同上，頁 118。

〔705〕圖四十九顯得特別有趣，因為它清楚顯示畫者與圖之間的關係。這名患者（也畫了圖四十二）存在著陰影的問題。畫中的女性代表患者陰鬱幽暗的一面。她站在一個有四個輻條的輪子前，兩者共同構成一個具八道光的曼陀羅。她的頭上伸出四條蛇，[64] 表現意識的四個特質，但——和這幅畫邪惡的特性一致——牠們以陰險惡毒的方式出現，因為牠們代表邪惡與破壞性的思想。整個人形都被火焰所包圍，發出刺眼光芒。她像燃燒的惡魔，一隻火蠑螈——中世紀觀念中的火精靈。火焰表示激烈的轉化歷程。因此，如下張圖所示，[65] 煉金術以著火的火蠑螈來象徵**原初材料**。矛頭或箭頭意指「方向」：它從頭正中央往上指。一切被火吞噬的都上升至眾神寶座。火中發亮的龍變得極不穩定；光明啟示來自烈火磨難。圖四十九提供我們轉化歷程的背景。它描繪了受難的狀態，令人想起十字架酷刑，還有希臘神話中，綁在永恆滾動火輪上的伊克西翁（Ixion）。由此可見，個體化歷程或成為圓滿個體，既非**至善**（*summum bonum*）也不是所謂**至高的欲求**（*summum desideratum*），而是對立面相結合的痛苦經歷。這是圖中十字架的真實意義，也是為何十字架具有避邪效果，因為當其指向邪惡，表示邪惡已被圈住而失去任何破壞力。

64　參見本書第 2 章圖九，位於下半部幽冥裡的四隻蛇。

65　出自《赫密士博物誌》（*Musaeum hermeticum*, Waite trans., I, p. 295）中藍斯普林的符號（Lambspringk's Symbols），圖十。

圖五十一

大圖請見 292 頁

〔706〕這張圖由一位同樣有陰影問題的六十歲女性所繪：一個火爆惡魔在夜裡朝一顆星向上攀登。他穿越一片混沌進入穩定有序的狀態。星星代表超越的整體性，惡魔代表阿尼姆斯——和阿妮瑪一樣——是連結意識與無意識的橋樑。這張圖令人想起在普魯塔克（Plutarch）那找到的古老的象徵：[66] 靈魂僅有一部分在身體內，另一部分在人體外高飛翱翔，有如一顆象徵他「天才」（genius）的明星。同樣的想法也存在於煉金術士中。

66　《論蘇格拉底的天才》（*De genio Socratis*），第 22 章。

圖五十二

大圖請見 293 頁

〔707〕這出自上一張圖的患者，顯現一個在火焰中上升的靈魂，姿態彷彿游泳。同樣的母題在圖五十三重複出現。同樣的東西——及同樣的意義——也出現在蘇黎世的《萊茵河手抄本》（*Codex Rhenoviensis*；十五世紀）（見圖五十四）。**原初材料**的靈魂經冶煉變成氣體逸出，形象類似人類的小孩（生命體）。在火裡面的是龍，為正在歷經轉化的**宇宙靈魂**的陰暗形式。

圖五十三

大圖請見 294 頁

圖五十四

大圖請見 295 頁

〔708〕在這我要先指出，不僅患者不懂煉金術，當時的我也對煉金術的圖片素材毫無了解。儘管這兩張圖片有驚人的相似之處，其實也不奇怪，因為哲學煉金裡的重要問題與無意識心理學所關注的一樣，那就是個體化，以及自性的整合。類似的起因（在其他因素皆同的狀況下）產生類似的效應，而類似的心理處境則會運用同樣的符號象徵，因為它們都建立在原型的基礎上，這點我已在煉金術的案例中展示過。

結語

〔709〕希望透過以上圖片，我已成功地提供讀者們一些關於曼陀羅象徵的想法。當然，我的闡釋只能說是就比較性研究所依據的經驗素材進行的粗淺調查。我已指出一些相似共通處，能為更進一步的歷史與種族比較指引方向。但我避免作更完整與徹底的闡述，以免離我初衷太遠。

〔710〕過去我已數度談過曼陀羅主題，在此我只需對其功能上的重要性說幾句話。此外，只要我們稍加感受，便可從這些技法普通、但以澎湃熱情所繪成的畫裡，猜測患者們所企圖注入畫面，並藉以表達的更深一層的意義為何。它們是印度文化意義中的**具**（*yantra*），是冥想、專注與自我沉浸的工具，以達到領會內在經驗的目的，這點我已在《金花的祕密》評述中談過。同時，這些曼陀羅也有助於內在秩序的建立——這是為什麼當它們以一系列的方式出現時，通常伴隨在充滿衝突與焦慮的混亂失序狀態之後。它們傳達了安全庇護、內在的和解與圓滿的意念。

〔711〕我可以提供更多來自世界各地的曼陀羅，而大家會驚訝於這些象徵符號所依循的基本法則，同樣可在一般的曼陀羅中觀

察到。由於這裡所展示的曼陀羅皆為嶄新、未受外力影響下的產物，我們不得不做此結論：在每個人內在，必然存在一種超越意識的傾向，使得相同或類似的象徵符號，即使在不同時空下都可能產生。由於這種傾向通常並非各人有意識地擁有，我稱之為**集體無意識**（collective unconscious）。同時，我亦假設原始意象——及**原型**（archetypes）——的存在，它們是集體無意識的象徵性產物之基礎。不需贅述的是，無意識的個別內容與其所屬種族間的相對應，不僅在形式上，也在意義上表現出一致性。

〔712〕對於無意識的象徵符號的共同起源，我們已失去這方面的知識。為了尋回這些知識，我們必須參閱古文本、考察古文明，以便對病患帶給我們用以解釋他們內在發展的東西有所理解。當我們穿透心靈的表層往下探索，我們接觸到的歷史內裡不僅不是死灰，而仍持續地活躍在每個人內在——其程度或許以我們現有知識都還無法想像。

曼陀羅 [1]

〔713〕梵語中的**曼陀羅**原意是「圓」。在宗教實踐與心理學領域中,則意指透過繪圖、模塑或舞蹈而形成的圓形圖像。這類具可塑性的架構,可在藏傳佛教中找到例子,而作為圓圈的舞蹈形式,則可在德爾維希(Dervish)[2] 寺廟的旋轉儀式中發現。作為心理學的現象,它們則在夢裡、某些衝突狀態下,以及精神分裂症案例中自發地出現。它們常常具有四元一體系統或是以四的倍數,像是十字架、星芒、正方形或是八邊形這些形式出現。我們在煉金術中遇到的則是**化圓為方**(*quadratura circuli*)的樣式。

〔714〕藏傳佛教裡的曼陀羅有儀式工具(**具**)上的重要性,其功用是輔助冥想與專注力。煉金術裡的曼陀羅意義也與此相似,代表具有崩解傾向之四元素的整合。它自發地現身於現代人個體身上,使心理學有機會深入研究其功能所代表的意義。通常,曼陀羅會在心靈功能解離或迷失方向時出現,例如,在面臨父母即將離婚

1　【這是專為《你:瑞士月刊》(*Du: Schweizerische Monatsschrift*)所撰(蘇黎世出版),十五期:4(1955年4月)、16、21,署名日期為「1955年1月」。本期專門介紹在瑞士阿斯柯納(Ascona)舉行的埃拉諾斯(Eranos)年會,以及榮格的研究(此文參閱伴隨該雜誌的匿名英譯內容)。榮格的文章並附上曼陀羅圖像例子,包括本書封內頁封面圖以及圖例1雅各·波墨的曼陀羅。雖然這篇短文重複了本書不同章節出現過的內容,在此則以對曼陀羅主題做精簡大眾化的陳述來呈現。──英譯編者按。】

2　譯註:德爾維希在伊斯蘭語中,可泛指追求精神淨化的神祕蘇非教派(Sufi)的成員,或狹義的指稱仰賴行乞維生的托缽僧。旋轉式的舞蹈為蘇非教派冥想與祈禱儀式中之一環,祈禱者在凝想與歌頌中展開雙手旋轉,在意識幾近真空與狂喜狀態中,趨近並聆聽真神。

的八到十一歲小孩身上，或是因精神官能症及其治療面臨人性對立面而感到迷失的成人；又或者是精神分裂症患者，受到無意識令人費解之內容的侵擾，而混亂了其世界觀。從這些例子裡，很容易便看出這些以圓圈所強加的嚴格樣式，補償了失序與混亂的精神狀態——亦即，藉由建構一個中心點使所有事物與之連結，或是將各種雜亂無章、相互矛盾的元素以同心圓的模式排列。顯然，這是大自然本能所自行產生，不需藉意識反思的一種**自我療癒嘗試**。就如比較研究結果所示，這裡運用的是一個基本架構，一個原型，它可以說無所不在，且其存在完全不須歸功傳統，有如本能就該如此被傳遞。本能被賦予每個新生個體，是與物種特性不可分割的。心理學所謂的原型，實際上就是本能的某個特殊、頻繁出現的形式結構面向，並和本能一樣為**先驗的**因子。因此，儘管外在表現有所差異，不論其時空來源，我們發現曼陀羅都具有基本的一致性。

〔715〕「化圓為方」是構成我們夢境與幻想的基礎型態的眾多原型之一。這是因為就功能的角度來看，它是最重要的原型之一。事實上，它甚至可被稱作**圓滿性的原型**（archetype of wholeness）。基於此重要性，「一體（the One）的四元性」）成為一切有關上帝意象的模型，如同以西結、但以理（Daniel）以及以諾（Enoch）的靈視所示，[3] 也和荷魯斯的四個兒子所象徵的一樣。後者提出了一個有趣的差異化，有時三個兒子具有獸首，只有一位是人頭，這和舊約裡的靈視異象，以及六翼天使的象徵被轉移

3　譯註：以西結靈視所見到的四天使（見第 2 章譯註 106）。但以理於聖經《但以理書》（*Book of Daniel*）中，提及夢中見到四獸異象分別代表了西方文明的四國：巴比倫、波斯、希臘、羅馬，四獸所代表的四國爭鬥分裂為南北兩國、褻瀆上帝，一個一個被取代，最後政權遭神國所剝奪與統一治理。以諾為挪亞的曾祖父。聖經《以諾書》（*Book of Enoch*）中描寫以諾夢中意象，他升上天堂看到四活物：具有四面、四個翅膀的天使，同時有四種不同聲音。

到福音傳道者身上一致，與此同樣重要的還有福音書本身：其中三本為對觀福音（Synoptic Gospels），一本則為「諾斯替式」。[4] 我在這裡還要加上一點，那就是自從柏拉圖對話錄《蒂邁歐篇》的開場（「一個、兩個，三個……但，我親愛的蘇格拉底，第四個在哪裡？」），[5] 一直到《浮士德》的眾神卡比里（Cabiri）場景，[6] 四即三加一的母題，是在煉金術裡一再出現的關注焦點。

〔716〕四元一體深刻的意義，與其獨特的分化歷程延伸了數世紀，現在則體現在基督宗教最近的象徵符號發展上，[7] 這可以說明為什麼《你》（Du）雜誌僅選擇圓滿性的原型作為象徵符號構成的例子。因為，就如這象徵在歷史文獻上位居核心重要地位，在個人身上也具同樣的重要性。一如預期，個別所繪的曼陀羅表現出極大的多樣性。絕大多數的圖形都具有圓形與四元一體的特徵。但少數的曼陀羅，在特殊原因下以三或五為主導特徵。

〔717〕為儀式目的而製的曼陀羅，常表現出特定風格，並以有限的幾種典型母題為其內容。而個人所繪的曼陀羅，則運用了幾乎所有可能的豐富母題與象徵典故，從中可明顯看出它們試圖表達在內在或外在世界經驗中的個體之整體性，或作為整體性的重要參照點。它們的對象是自性而非自我，後者僅是意識的參照點，而自

4　譯註：關於三本對觀福音見第 2 章註釋 204 之譯註。第四本福音書《約翰福音》常被視為受諾斯替教派影響。這是因為其內容對善惡、光明與黑暗的二元對立的明確使用，以及在描寫耶穌從天降臨的模式，與諾斯替典型用語接近。

5　譯註：讀者可參照榮格在本書段落 695 之相關內容，以及第 3 章譯註 56 的介紹說明。

6　譯註：卡比力眾神的場景出現在《浮士德》第二部的愛琴海岩灣一幕中。護航船隻的古代眾神被請到場，但只有三位來，第四位神祇不肯現身，並譏諷其餘三位神祇祂才是真神。對話中並針對三與四的數目關係，以及四的倍數討論眾神應有七尊，又或實為八位。

7　【指 1950 年將聖母升天確定為正式信理的憲章。參見《心理學與宗教》（*Psychology and Religion: West and East, pars.* 119ff., 251f., 748ff.）——英譯編者按。】

性則包含了心靈的全體，即意識與無意識。所以，在個別的曼陀羅中出現光明與黑暗各半及其典型的符號，這情況並非少見。歷史上這樣的例子，一個便是雅各·波墨《關於靈魂四十問》書中的曼陀羅。該曼陀羅同時是上帝的意象，且被指定如此。這並非偶然，因為在發展出自性概念——真我（Atman）或神我（Purusha）——的印度哲學裡，到了最高境界，原則上人性與神性本質彼此並無差異。與此相應的西方曼陀羅中，**火光**（*scintilla*）或靈魂火花——人內在的神性——其表徵符號也可用以代表上帝意象，亦即神的意象體現在世界、自然與人類身上。

〔718〕不難理解地，經驗證明這類圖像在某些狀況下，對其創作者確實有相當大的療癒效果，因為它們常代表一種大膽嘗試：看出兩個明顯對立不協調的東西並將之並置，且試圖彌補彼此間無法跨越的分歧。甚至，光是嘗試本身就常已具有治療的效應，但這只有在自發的狀況下發生時才有效。對這些圖像進行人為刻意的重複或模仿，不會產生任何效果。

導讀：曼陀羅與 X 小姐的二三事

王浩威（榮格分析師，本書審閱者）

1·關於曼陀羅

曼陀羅，在巴利語、梵語稱為 मण्डल（maṇḍala）；在藏語為 དཀྱིལ་འཁོར།（dkyil·'khor）。原來的意義為圓形，直接意譯則是壇場、壇城、道場。傳到了漢文，有音譯有曼陀羅、曼荼羅、曼茶邏、曼怛羅、滿荼邏、曼達拉等等，而意義上有「壇」、「聖圓」、「中心」、「輪圓具足」、「眾聖集會」等等。至於藏語 dkyil·'khor，直接音譯「吉廓」，意思是「中圍」。

然而這個觀念怎麼來的呢？

曼陀羅（Mandala）在字源上來說，詞根是曼達（manda），意思是本質，再添加了後綴拉（la），意思是容器。因此，曼陀羅的一個明顯意義是它是本質的容器。作為一種意象，曼陀羅可以象徵佛陀的思想和身體。在密宗佛教中，壇城的原則是佛陀在其中，但本尊的意象不是必需的。它們可以表現為輪子、樹、寶石，或任何其象徵性的表現。

我們都知道，佛教源自於印度教，這個字的起源嚴格說起來也是來自印度教。在印度教中，曼陀羅也稱為揚特拉（yantra）。印度的揚特拉被認為可以追溯到西元前 11,000 至 10,000 年。在印度中部桑河河谷的舊石器時代晚期環境中，考古所發現的巴戈爾石

（Baghor stone）被認為是最早的例子，甚至認為可追溯到西元前25,000 至 20,000 年。這是在一塊三角形石頭一側的三角形雕刻，狀似女性外部生殖器，發現時塗有赭石，被認為是與生殖力量崇拜有關，公認是印度大陸有關大母神崇拜最早的遺址。

揚特拉 Yantra（यन्त्र）這個字的字面意思是「機器、裝置」，它是一個幾何圖，主要來自印度宗教的密宗傳統。揚特拉用於在寺廟或家中崇拜神靈、作為冥想的輔助，或用於接收印度占星學和密宗文本裡所謂的神祕力量所能帶來的益處。它們也用於裝飾寺廟地板，主要是因為它們的美觀和對稱品質。傳統上，特定的 yantras 與特定的神靈和 / 或用於完成某些任務、誓言的某些類型能量相關，這些任務、誓言本質上可能是物質的或精神的。它成為精神追求者在修行（即薩達納 Sādhanā）時的主要工具。在印度教、耆那教和佛教中，揚特拉（曼陀羅）具有重要意義。

在印度教中，基本的曼陀羅（即 yantra）是採用正方形的形式，四方各有門，還包含一個具有中心點的圓圈，這原點是中心，一個點。它是一個顯然沒有維度的符號。它的意思是「種子」、「精子」、「水滴」、顯著的起點。它是吸引並匯聚外在能量的中心。在吸引力量的過程中，奉獻者自己的能量也隨之打開並被吸引進去。因此，它同時代表了外部和內部空間，消除了客體與主體的二分法。於是在這過程中，曼陀羅獻給了神靈。

揚特拉相當於曼陀羅，通常較小且使用更有限的調色板。它具有二維、三維的幾何構圖，可能是用於修行、禮拜或冥想儀式，被認為代表神的居所。每個揚特拉都是獨一無二的，並透過匠心獨具的象徵性幾何設計將神靈召喚到練習者面前。據一位學者稱，「揚特拉的功能是宇宙真理的啟示性象徵，以及人類經驗精神方面的指

導圖表」。

漢文「曼陀羅」既是梵文 मण्डल 的音譯，漢字本身沒有任何意義。另外，मण्डल 也是形容詞，意思是「圓」，有完整、和諧等意思，據說這就是這個詞的由來。在中國，有時被稱為完全的圓滿。在佛教密宗裡，它是密教傳統修持能量的中心。依照曼陀羅的各種含意，它就是各個宗教，為了描述或代表其宗教的宇宙模型，或顯現其宗教所見之宇宙的真實，所做的「萬象森列，圓融有序的佈置」，用以表達宇宙真實「萬象森列，融通內攝的禪圓」。曼陀羅梵文的意思是「本質」加上「有」或「遏制」，也意為「圓圈周長」或「完成」。密宗佛教經典則教導壇城，透過壇城的結構來表達這種追求圓滿的思想。壇城的種類有數百種。它起源於古印度，傳播到中亞、日本、中國、朝鮮半島和東南亞國家。進入二十一世紀，在西藏、尼泊爾、日本等密宗傳統依然盛行的國家，仍有許多人在繪製。

除了佛教和印度教，還可以在其他領域看到曼陀羅，例如密學（密學是許多宗教用於探索宇宙奧祕的，不為人知的祕密學問，他們構建的宇宙模型被通稱為「曼陀羅」）、蘇非派（伊斯蘭教世界神祕支派的蘇非派之旋轉舞則為典型的曼陀羅舞）、《易經》（《易經》有先天八卦，也可以視為是一種宇宙模型或曼陀羅；從形上學的觀點看，《易經》六十四卦所構成的自組織結構，比密教曼陀羅更抽象，甚至更完備）、基督教義（在古時基督裡並沒有這一標記，到了住後才被一些猶太人篇論為大衛之星，有一說曼陀羅其實來自古巴比倫）、那瓦荷印地安人、古羅馬、古埃及……，都可以看到明顯的傳統，只是宗教的程度不同而已。

2・榮格與曼陀羅

　　榮格在《榮格自傳：回憶・夢・省思》中，講述了他是在 1916 年寫完《對死者的七次佈道》後，第一次繪製曼陀羅。但直到 1918-19 年，榮格在法屬瑞士的英國戰俘營擔任醫療指揮官時，他才開始瞭解曼陀羅繪畫。「我每天早上都會在筆記本上勾勒出一個小的圓形圖畫，一個曼陀羅，它似乎與我當時的內心狀況相對應。借助這些圖畫，我可以觀察到自己每天的心理變化……。漸漸地，我才發現曼陀羅的真正含義：『形成、轉形、永恆心智的永恆再創造。』（《浮士德》，第二卷）這就是自性，人格的圓滿性，如果一切順利，這會是和諧的，但這不能容忍自我欺騙。我的曼陀羅是隱形圖案（cryptograms），……在其中我看到了自性，也就是我圓滿的存在，它正在積極工作著。當然，一開始我只能朦朧地理解它們；但這些看來起意義非凡，我像於守護寶貴的珍珠一樣地守護著它們。我清楚地感覺到，它們是某種屬於核心的事物，而且隨著時間的推移，我透過它們獲得了一種活生生的自性概念。我認為，自性就是我所等於的單子，就是我的世界。曼陀羅代表了這個單子，與心靈的微宇宙性質相是相呼應的。」

　　事實上，榮格對曼陀羅的發現為他後來的整個體系產生了關鍵性的影響：「我不得不放棄自我（ego）至上的觀點……。我必須讓自己隨無意識而飄流，不知道它將把我引向何方。然而，當開始繪製曼陀羅時，我發現，自己所走過的一切，所有的路徑，所有的步驟，都是為了回到一個點……就是中點（mid-point）。我越來越清楚地認識到，曼陀羅就是中心。它是所有路徑的引導者。它是通往中心、通往個體化的道路。……在 1918 年到 1920 年的那些年

裡，我開始明白，心靈發展的目標是自性。沒有線性的演化，只有自性的盤旋而上（circumambulation）。這種洞察力給了我穩定感，我的內心逐漸恢復平靜。我知道，當我發現曼陀羅是自性的一種表達時，我已經達到了我的終極目標了。」

榮格繼續研究並繪製曼陀羅，但直到 1929 年，他才在衛禮賢所翻譯的《金花的祕密》一書的相關評論中，發表了三幅作品，但是他並沒有提出「積極想象」有關的論點；而且，只有在他去世後出版的《榮格自傳：回憶‧夢‧省思》中，才承認那些圖是他的作品。

其實，從榮格職業生涯的起點，曼陀羅的形式就深深吸引了他。在他的醫學博士論文《論所謂神祕現象的心理學和病理學》（1902）中，他研究的對象可能是夢遊症的患者表妹，她在幻想中繪製了一幅詳細的圓形圖（見下頁，「物質之圓」；見 CW, vol.1, §65）。而在與佛洛伊德合作期間，榮格寫下了《力比多的轉化和象徵》（*Wandlungen und Symbole der Libido*, 1911-12）。在這本書中，他詳細論述了對稱的夢城、十字架、太陽輪和神祕玫瑰等等；不過直到 1952 年他修改了這本著作（CW, vol. 5），他才明白寫出這些都是曼陀羅符號。

在榮格一生中，曼陀羅在他不同階段的作品裡，是一直出現的主題。一直到他八十多歲時所寫的最後一部作品《飛碟：一則現代神話》（*Flying Saucers: A Modern Myth*）裡，他明白地表示曼陀羅是我們這個時代最傑出的象徵：「與不明飛行物相關的心理體驗，包括『圓形』（rotundum）的靈視，是圓滿的象徵，也是以曼陀羅形式表現出來的原型。曼陀羅通常出現在心靈混亂和困惑的情境下。這時所形成的原型，代表了一種秩序模式，就像一個標有十字的心

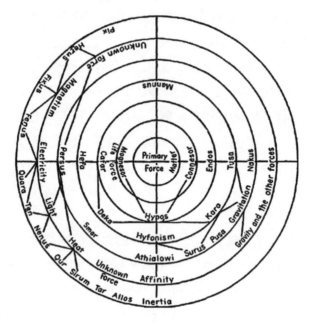

物質之圓

理『取景器』（view-finder）或一個四等分的圓圈，疊加在這些心靈混沌之上，讓所有的內容都各得其所，並通過保護性的圓圈將紛亂的混亂凝聚在一起。」（CW, vol.10,§803）

　　榮格之所以這麼重視曼陀羅，當然是和他一生關於心靈的理論有關。儘管從 1906 年起，榮格對佛洛伊德極其認同，兩人之間不論在關係上還是知識上都十分親密；然而，有關心靈結構的理解，兩人在最基本的出發點上，也就是認識論和方法論上，從一開始就不一樣。在與佛洛伊德開始專業往來的初期（1906 年 12 月 29 日），榮格在給他的一封信中，覺得有必要講出他們之間的差異，而提出五點「我們見解不同之處」（McGuire 1974: 14）。第

一點，是關於榮格研究臨床「材料」的不同（「我正在治療的……是那些未受過教育的瘋狂病人……罹患早發性失智症〔Dementia praecox〕」），不同於佛洛伊德在維也納所治療的是受過教育的菁英，這點榮格並未在信裡直接點明，僅是暗示）；第三點是關於他們在經驗上的差異（榮格比佛洛伊德年輕十九歲），而第四點是有關「精神分析的天分」，榮格覺得佛洛伊德「兼具質與量」的優勢。至於第五點，榮格舉出自己並未親炙佛洛伊德接受訓練，而與這位年長大師缺乏接觸的「缺點」。然而，最值得我們注意的是第二點。榮格輕描淡寫，卻是簡潔而有力地說道：「我的教養、我的出身背景以及我的科學預設前提，無論如何，都徹底不同於你所擁有的。」

儘管這時的榮格，對這個「都徹底不同於你所擁有的」，具體地來說，並不清楚（可能在意識層面也還沒有實體的存有）明白究竟是什麼；但佛洛伊德卻是在直覺上很敏感的覺察了，在事隔三日後的元旦（1907 年 1 月 1 日）回了信，以懇求的口吻說：「我誠心拜託你，……在你與我如此親近之際，不要脫離我的路線過遠」。然而，佛洛伊德也同樣沒有能力去明白究竟什麼是他們之間的差異。

這個所謂的「我的教養、出身背景以及科學預設前提，都徹底不同於你」，隨著榮格對自己心靈理論的認識日益深入，相關的思想體系逐漸成形，兩人在學術在上的差異也就開始浮現。其中，枱面上的差別是：榮格不同意佛洛伊德將「性」作為所有利比多的來源；更重要的是，兩個人所主張的無意識的結構有著徹底的不同。當時的佛洛伊德強調，意識層面無法接受的內容遭到「潛抑」才成為無意識；然而，榮格強調的則是，個人無意識還可以來自更深遠

的集體無意識，以及跟集體無意識息息相關的「原型」。

　　榮格以「原型作為構成集體無意識運作要件」的理論為基礎，試圖定義人類心靈。他因此開始涉獵煉金術，包括東方和西方，希望能進一步探索原型的理論。而曼陀羅，就是榮格論證原型的存在時，相當重要的例證之一。這也就是為什麼榮格終其一生一直在討論曼陀羅。

3・曼陀羅與 X 小姐

　　榮格的原型理論分三個階段發展。1912 年，他寫道，他在病人的無意識生活中，以及透過自己的自我分析，認識到了原始的意象。這些意象與歷史上到處重覆的主題相似，但它們的主要特點是它們的數量性、無意識性和自主性。按照榮格的構想，無意識的集體性形成了這種意象。到了 1917 年，他提出心靈中非個人主導的因素或結點，將吸引能量並影響一個人的運作。1919 年，他首次使用了「原型」一詞，這樣做是為了避免任何的誤解，也就是這內容一定是無意識的，而且不是只有不能具象化的形狀或模式才是根本的結構。對他而言，最深層的原型也許是一種無形的程式或模式，也就是狹義定義「原型」，而人類可以加以具象化的，則是「原型意象」。曼陀羅也就是一個最普遍的、最深層的，屬於集體無意識的原型意象。

　　1928 年，一位來到蘇黎世的美國中年女性，在接受榮格分析的過程中提出了一系列繪畫作品。她的身份現在已經廣為人所知，也就是克莉絲汀・曼（Kristine Mann）醫師。但在考慮到榮格的記述是榮格對她作品詮釋上的再現，我們暫時還是將她的真實身份與書中的主人公「X 小姐」加以分開。這篇論文介紹 X 小姐是一位

受過科學教育的女性，榮格是在二十世紀的二〇年代在美國與她結識。她在學習了九年的分析心理學後，1928 年，五十五歲時來到歐洲，在榮格的指導下繼續學習。在這篇 1940 年第一次出版的論文中（她和其他能認出她的人可能都讀過），榮格強調她「絕非病態或神經質」（1940, p.32），而是恰恰相反，是一個非常聰明、積極和獨立的人。她是榮格所認為的現代性「正常」弊病的化身。正如榮格在（〈無意識心理學〉〔On the psychology of the unconscious, 1943〕）所言，「與自我不統一是文明人的標誌」，這是一種文化上的「致病衝突」，是由於「人的動物性逐漸被征服」。對榮格來說，她的狀況似乎是文明人心理片面性的縮影，這種不平衡表現為對理性、自主性和自我效能的高估。

榮格對於這些分析中以及分析後的繪畫所進行的詮釋，後來寫成了〈個體化歷程研究〉一文。這是他少數幾篇比較長的個案討論之一，不過這裡想談的並不是心理治療或分析的全部，而是當時他最迫切的原型研究，他想透過 X 小姐這些繪畫來驗證原型的存在。

〈個體化歷程研究〉其實有兩個英文版本。早先的版本是以 1934 年德文發表的會議論文加以擴充的版本（1939/1940）。十年後，1950 年，經過了徹底的修訂，並翻譯為英文，收錄在《榮格文集》第九卷，也就是本書翻譯所採用的文本。

1939 年的版本，由戴爾（William Stanley Dell）翻譯成英文，他是早期榮格作品的重要翻譯者之一。這篇文章後來和其他文章集結為《人格的整合》（*The Integration of the Personality*）一書，書中的文章最初是為了瑞士阿斯科納的埃拉諾斯（Eranos）會議的講座而準備的，共有六篇。第一篇是〈個體化的意義〉（The Integration of The Personality)（日後收在 CW 9/i，第四部的第一篇，§489-524），改名為〈意識，無意識，和個體化〉。第二篇就是〈個體化歷程研究〉（A Study in the Process of Individuation），同樣收在 CW 9/i 第四部，依然是第二篇，§525-626。第三篇後來也「經過徹底修訂和擴大」，依然命名〈集體無意識的原型〉（Archetypes of the collective unconscious），日後收在 CW 9/i，第一部 §1-86。第四篇則是〈個體化過程中的夢象徵〉（Dream symbols of the process of individuation），這是榮格對沃夫岡・包立夢的分析的早期版本，後來經過大幅增添、修訂並出版而改為〈與煉金術相關的個體夢象徵主義〉（Individual Dream Symbolism in Relation to Alchemy）（收於 CW 12，第二部，§44-331），近年再由腓力門基金會從榮格留下來的手稿中擴大成為《個體化過程的夢象徵》（*Dream Symbols of the Individuation Process*, 2019）。第五篇則是〈煉金術中的救贖思想〉（The idea of redemption in alchemy），同樣經過大幅增添和修訂而重新出版為〈煉金術中的宗教思想〉（Religious Ideas in Alchemy），收於 CW 12 第三部 §332-554。第六篇〈人格的發展〉（The development of personality），收於 CW 17, §284-323，也曾經以《心理學與教育》（*Psychology and Education*）為標題，出版單行本。

　　前面提到，這本書最重要的文章〈個體化歷程研究〉，嚴格說起來是有兩個英文版本，1940 年和 1950 年。而書裡面 X 小姐的治療開始的時候，也就是 1928 年，榮格曾經表示：「事實上，正是這個案例引導我開始研究煉金術」（1940, p.51）。他在回顧這個個案時，使用了煉金術和基督教神祕主義的事例，來擴大她的想像力。這篇研究文章只提供了相當基本的臨床資料，也許是因為保

密的原則，但更重要的是文章本身是以圖像訊息的探索，也就是曼陀羅相關的探索為主，也就不需要太多的臨床資料。1940 年出版的版本，只收錄了前五幅畫的複製品；1950 年的則收錄了 24 幅彩圖，其中前十七幅是 1928 至 1929 年間繪製的，其餘則是 1930 年代繪製的。而且，與 1940 年版的 21 頁篇幅相比，1950 年版的要長得多，長達 64 頁。1940 年的匿名「女病人」，在 1950 年變成了「X 小姐」。其中，關於他們臨床對話的訊息更多了，文中描述的圖片也多了很多。榮格為提出相同的基本論點，增加了一些材料，刪除了一些不那麼重要的內容。大部分新材料反映了榮格自二十世紀三〇年代以來一直追求的興趣。英國榮格分析師拉婭·瓊斯（Raya Jones）在 2020 年的《分析心理學期刊》發表了〈曼陀羅中的蛇：榮格〈個體化歷程研究〉的對話方面〉一文，就指出：兩本書（以及榮格語錄）中都存在某些緊張關係，但程度並不相同。這就像走路時腳步的重心轉移一樣，這些對特定主題的重心轉移，彷如是從 1928 年（當時 X 小姐正在進行分析），到 1940 年的寫作，再到 1950 年出版時的重寫，一直在「行走」。

這兩個版本的差異不只是圖畫的數目，更多的是榮格思想的演進。榮格認為，個體化過程的目標是人格的整合，而〈個體化歷程研究〉則展示了個體化過程在一個人身上的初始階段。他的前提是，她的圖畫內容來自個人內在的領域，而在這個領域中，一個人與無意識的互動「就像兩個人之間進行對話一樣」（榮格，1957年，§186）。同樣的，作為一篇文章，〈個體化歷程研究〉與讀者也進行了一場對話，一場榮格試圖說服讀者有關原型的這一真理。而且，同樣的，這文章的兩個版本也揭示了榮格與他自己想法的對話。榮格這樣的「對話」，很可能與他在《紅書》的經歷有關，因

為《紅書》其實就是榮格自身內在的對話所形成的。在對話的過程中，包括榮格對東方和西方的看法，也包括了他在這過程中對人類集體無意識更深的認識。亦即，透過這兩篇文章，我們可以看到榮格的「行走」。

4‧X 小姐與克莉絲汀‧曼

DR. KRISTINE MANN,
of New York
Dr. Mann is a Member of the Program Committee
for the International Conference.

克莉絲汀‧曼的肖像

對克莉絲汀‧曼醫師的介紹，最詳細的恐怕是她的學生伊麗莎白‧惠特尼（Elizabeth Goodrich Whitney）所寫的《悼念克莉絲汀‧曼》（*In Memoriam: Kristine Mann, 1873-1945*, New York, NY: Analytical Psychology Club of New York, 1946）這一本書了。

美國的榮格心理學發展，嚴格說起來是一群女人所開展的。她們不只積極的投入，甚至為了學習，有些原來不是醫學背景的，在

208　　　　　　　　　　　　榮格與 X 小姐的曼陀羅：個體化歷程研究

榮格的建議下還去讀了醫學院。

這幾位女性，大都生活在紐約。第一位是碧翠絲‧欣克爾博士（Dr. Beatrice Hinkle），她在第一次世界大戰前開始從事榮格分析；接下來的三位是克莉絲汀‧曼博士（Dr. Kristine Mann）、艾莉諾‧貝廷博士（Dr. Eleanor Bertine）和艾絲特‧哈丁博士（Dr. Esther Harding），她們在二十世紀二○年代初開始了在紐約的分析事業。曼和貝廷開始於 1921 年，哈丁開始於 1924 年。第五位女性弗朗西絲‧威克斯（Frances Wickes）大致也是在同一時期開始工作的。

克莉絲汀‧曼在成為榮格分析師之前，曾在瓦薩學院英語系任教，艾莉諾‧貝廷當時是她的學生。凱莉‧貝恩斯博士（Dr. Cary Fink Baynes）從未做過分析師，但在蘇黎世成為榮格信賴的朋友，是榮格德文作品最早的幾位翻譯者，也在榮格的建議下翻譯了《金花的祕密》和《易經》；而伊麗莎白‧惠特尼是第一位在哈德遜河以西執業的榮格心理學家，並在讀醫學院時認識的後來的丈夫詹姆士‧惠特尼（James Whitney），他們兩人是將分析心理學帶到北加州的重要人物。瑪格麗特‧杜利特爾‧諾德費爾特（Margaret Doolittle Nordfeldt）博士，是另一位早期的紐約分析師；而瑪麗‧康諾弗‧梅隆（Mary Conover Mellon），則是一位充滿遠見的了不起的夢想家，她和丈夫成立了博林根基金會（Bollingen Foundation），才有了英文版的榮格著作集。

至於克莉絲汀‧曼，她的學生兼個案伊麗莎白‧惠特尼這樣寫道：

「克莉絲汀‧曼是學院新來的英語講師。她皮膚白皙，頭髮呈灰金色，行動率性、自制、直接、簡單、嚴肅。她教我們邏輯思維

和語言結構的原則。有一天，她糾正了我作文中的誤導性詞語和混濁的非連接詞。我突然意識到，她關注的是真理；在她安靜的眼神和專注的努力下，真理不是指規則和正確，而是她服務的現實，是她攀登的雪峰。

「這是我第一次看到她的旅程，她的旅程總是在不斷突破。她為學術和文化服務；一個女人在男人的領域裡開拓。十五年後，當我再見到她時，她已經在科學和醫學領域開拓得更遠了。她必須瞭解身體的真相，瞭解我們的基本天性。她教男學生，也教女學生。

「但最讓我印象深刻的還不是她的精湛技藝。她和以前一樣單純、直接。無論什麼時候，她都輕鬆愉快。但在一位共同朋友的危機中，她表達了同情、溫柔和關懷。她分享了很多深入的事。她年長了許多，也衰老了許多。她進入了女人的領域，也進入了心靈的領域；進入了人類之愛和人類價值的領域。

「她還有別的東西。當時我還不知道是什麼。她已經計劃向榮格博士學習。她已經開始探索心理世界。她在尋找什麼？我只知道，在她的一心一意和全心全意之外，還有一份承諾，一份對更遠、更偉大追求的執著。

「從那時起，靈魂之旅就成了她的核心關注點。她為朋友、為學生、為團體需要、為分析研究慷慨解囊。她依然坦率而快樂地生活在當下。但是，無論環境如何起伏，無論世界是處於和平時期還是處於歷史上最具破壞性的戰爭時期，無論她是生病還是健康，甚至在她最後一年漫長的病痛中，她的溫柔和智慧都在增長；她穩步地展開並活出了自己存在的核心。」

人們對她的生平知之甚少。她是 1873 年 8 月 29 日出生於紐澤西州奧蘭市。她的父親查爾斯・霍爾布魯克・曼（Charles Holbrook

Man, 1839-1918）是當地的瑞典教牧師，出身於古老的新英格蘭家族；克莉絲汀的母親克勞辛・博克塞紐斯（Clausin Borchsenius）十四歲時從丹麥移居美國。

克莉絲汀・曼在伊利諾伊州埃文斯頓的西北女子學院（後併入西北大學）就讀期間，對伊曼紐爾・瑞登堡（Emanuel Swedenborg, 1688-1772，瑞典著名的科學家、哲學家、神學家以及新教的理論奠基人，前半生致力於自然科學領域，後半生則全身心投入神學領域）的學說產生了興趣。瑞登堡的學說從早年起就影響著克莉絲汀・曼，很可能也加強了她對榮格作品的親近感，而這種親近感在她後來的生活中一直吸引著她。榮格也曾說過：「我欽佩瑞登堡，他既是一位偉大的科學家，同時又是一位偉大的神祕主義者。他的生平和工作一直讓我非常感興趣，在我還是醫學院學生的時候，我就讀過他的七本厚厚的著作。」瑞登堡能夠保持對立面的張力，具有雙重意識，這種驚人的能力幫助塑造了榮格和曼的視野。

曼有兩個哥哥，還有姊姊、妹妹和弟弟各一個。1891 年，她進入史密斯學院，1895 年畢業並獲得文學學士學位。隨後，她回到家鄉，擔任私人教師，並為父親編輯《新教會信使》週刊，該週刊是瑞典教總會的官方刊物。1898-1899 年，她在迪爾伯恩摩根學校（Dearborn Morgan School）教授拉丁語和科學，隨後前往柏林威拉德美國女子學校（Willard School for America girls）教授古代史和英語，為期一年。在柏林期間，她研讀德文，並參加了柏林大學的文學和科學課程，繼續接受教育。1899-1900 年回到美國後，曼進入密西根大學，在英語系擔任助教，並獲得碩士學位，隨後於1901-1905 年在瓦薩學院教授英語，專攻論證和辯論。但是，曼並不安於現狀，她一直在向前走，似乎在尋找她尚未找到的東西，或

許甚至是她尚未定義的東西。接下來，她在紐約待了幾年，先是在哥倫比亞大學攻讀教育學、哲學和心理學研究生課程（師從約翰‧杜威），然後在布雷爾利學校任教。因為「通過與中小學和大學女生的接觸，她深信有必要對婦女進行更好的健康教育。她一直喜歡運動，曾是史密斯大學第一支籃球隊的隊長。她通過有系統的鍛鍊改善了自己的健康，現在她強烈希望為改善婦女的健康狀況而努力。因此，她於 1907 年開始在女子醫學院學習解剖學，兩年後，三十八歲的她進入康乃爾醫學院深造。1913 年，她獲得醫學博士學位，並前往韋爾斯利學院擔任體育培訓學校的教師，負責矯正運動和新生衛生。」

「1914 年，曼博士回到紐約，開始為紐約百貨公司教育協會針對女店員的健康狀況進行為期兩年的調查。第一次世界大戰爆發後，她在陸軍軍械部工作，負責監督（華盛頓特區）軍需品工廠中婦女的健康狀況。但停戰後，她有機會提供更廣泛的服務。戰爭突然結束，基督教女青年會戰爭工作委員會仍有大量的戰爭工作經費，於是在全國開展了婦女健康教育實驗。一支由女醫師組成的精幹隊伍受聘在全國各地的教育機構講課並進行健康教育，曼醫師是社會衛生方面的講師之一。」

艾莉諾‧貝廷也參與了這項成功的開創性計劃。曼參加了這個項目，走訪了二十所女子學院；在每所學院她都花一周的時間講課，並「採訪了數百名年輕女性，作為她對性心理學（美其名曰『社會衛生學』）深入研究的貢獻」。

1920 年《畫報評論》（*Pictorial Review*）刊登了一篇對曼的採訪，稱她是「美國最傑出的女醫師之一」。該雜誌的發行量非常高，並支持婦女權利方面的許多改革，包括選舉權和節育。在這篇

訪談中，曼的激進女權主義表現得非常明顯，她呼籲婦女積極參與社會和政治活動。她對美國的女性教育提出了尖銳批評，主張對她們進行「大眾教育」，並敦促她們「摒棄矯揉造作，追求更簡單、無畏、自立（和）力量」。曼預見到科學界後來將認識到身心之間的重要聯繫，斷言人格品質取決於良好的身體健康，而婦女教育通常忽視了這一點。曼認為，女性和男性具有相同的內在智力和創造能力，但一般來說，女性「使用大腦的方式不同」。為了支持她對這種差異的信念，曼引用了她所接受的醫學教育，她說她厭惡醫學教育，因為教師對疾病和痛苦的態度是冷酷、脫離現實、科學客觀的，而且培訓所堅持的是「殘暴的標準」。她回憶說，有一次，一位母親帶著罹患梅毒的嬰兒來到學校診所。這位教學醫師是「紐約最偉大的兒童專科醫生之一」，他告訴學生這個病例很典型。母親離開後，他囑咐全班同學：「當你發現孩子有這樣的病症時，千萬不要告訴母親孩子出了什麼問題」。曼大膽地問：「為什麼？」他回答：「為什麼你總是冒著引起誤解和破壞婚姻的風險？」這樣的回答，當時相當不以為然的曼一直謹記在心。

曼早年在紐約生活時結識的許多人，包括瓦薩大學的校友，都是積極的女權主義者，體現了易卜生、蕭伯納、亨利‧詹姆斯和伊迪絲‧沃頓筆下流行的解放新女性的價值觀。曼發表在 1915 年《史密斯女校友季刊》上的文章〈為婚姻培訓女性〉闡明了她的信念，即女性有必要透過工作來獲得自主的自信：「我衷心建議每個女孩至少有一年的商業經驗。這對自尊心有極大的促進作用。年輕的妻子如果知道，如果有必要，她可以重新在商界佔有一席之地，那麼她在家庭中保持平等地位的機會比必須完全依賴他人支持的年輕妻子大得多。」

這時，在紐約基督教女青年會主持下成立的一個重要機構，是紐約工商業婦女健康中心，曼醫師於 1920 年擔任該中心主任。但是，女青年會的另一個工作項目，1919 年在紐約舉行的國際女醫師大會，將曼醫師帶入了第二個重要的轉折點。這次大會的重點之一是個人和社會健康的心理議題，曼醫師在這裡接觸到了她真正的畢生事業。她被倫敦的康茲坦絲・朗博士（Dr. Constance Long）精闢闡述的榮格體系深深吸引，於是決心進入這一嶄新領域。她開始在欣克爾博士的指導下著手準備工作。

康茲坦絲・朗是榮格早期頗具影響力的弟子，也是英國第一位從事精神分析工作的女性，她編輯並翻譯了榮格的多部早期作品，並於 1916 年在英國出版了《分析心理學論文集》（*Collected Papers on Analytical Psychology*）。同年稍晚，欣克爾翻譯的榮格《無意識心理學》在美國出版。1917 年，欣克爾的這本著作在一次事件中對曼起了主導作用，艾莉諾・貝廷多年後生動地回憶起這件事，並形容它是「謝幕之作」。當時歐洲第一次大戰戰火紛飛，但在那個夏天，她和曼「背包裡裝著兩件保暖毛衣、一塊甜巧克力蛋糕、一個熱水瓶和榮格的《無意識心理學》！我們剛剛發現榮格，而永恆的群山正是這次探險的完美背景。我們為能聽到大師的聲音而激動不已，但我們幾乎猜不到這本書會對我們的生活產生多麼深遠的影響。」

曼在 1919 年聆聽康茲坦絲・朗的演講，激發了她成為榮格分析師的決心。她的追求終於有了明確的目標。榮格在英國康沃爾森南科夫（Sennen Cove）舉辦的研討會的記錄，沒有顯示曼在 1920 年是否加入了欣克爾和貝廷的行列，但我們知道曼在第二年跟隨榮格學習。1925 年初，當榮格訪問美國時，曼在自己的紐約寓所舉

辦了榮格的講座，同年，在榮格的指導下，她在蘇黎世為一位名叫西德尼・羅伯遜的美國病人看病。

曼與幾位榮格學派的同事一起，協力打造了紐約的榮格學派社區。他們於 1936 年在紐約成立了分析心理學俱樂部，同年，曼和其中的三位同事——欣克爾博士、貝廷和哈丁，一起籌畫榮格1936 年道緬因州貝利島的訪問，曼一家從 1885 年或 1886 年起就在那裡避暑。她父親於 1887 年在那裡為家人建造了一座小型避暑別墅，家人一直居住在那裡。成年後，曼在島上的海岸邊買了一座更大的度假屋，貝廷（後來加上哈丁）每年夏天都會和她在那裡住上一個月，從 1926 年開始，她還為同樣在貝利島度假的病人看病。她們稱那所房子為「三叉戟」，也許是為了表達三位女士之間的友誼。1944 年，她們在貝利島的海岸線上購買了一棟名為 Inner Ledge 的寬敞住宅，繼續為病人進行分析治療。1936 年，榮格在貝利島圖書館舉辦了為期一周的研討會，主題是「個體化過程中的夢境象徵」，探討沃夫岡・包立這位傑出科學家的夢境。

在此數年前，榮格在《個體化歷程研究》中收錄了曼所畫的一系列曼陀羅，並為她建立了一座紀念碑，但並未透露她的名字。1933 年 8 月，榮格在第一屆埃拉諾斯會議上就她的案例發表了演講，並於次年在《埃拉諾斯 - 雅爾布赫》（*Eranos-Jahrbuch*）上發表了論文和她的五幅畫作。這篇論文的所有版本都證明了榮格對曼這趟非凡內心之旅的尊重，以及曼為榮格本人帶來的靈感。在論文的最終版本中，榮格在開頭的案例研究中引用了大量煉金術的概念。他的目標似乎是證明煉金術的原型性質、力量以及在心靈中的普遍存在。到了 1976 年，這位病人的真實名字才由詹姆斯・韋伯（James Webb）揭露。

榮格對曼的畫作評價極高，因為這些畫作蘊含著煉金術的意義，證實了積極想像力以及曼陀羅意象的治癒能力。他在自己的精神危機中意識到了曼陀羅的象徵性力量，這在 2009 年出版的《紅書》中有所記載。1928 年，煉金術成為榮格非常感興趣的話題，這一年曼與榮格進行了深入的分析，衛禮賢也在這一年寄了道教典籍《金花的祕密》的德文譯本給他。值得注意的是，在 1939 年所修訂的埃拉諾斯講座文章中關於曼案例資料的最後，榮格直截了當地指出，當曼找到他時，他對煉金術一無所知，而「正是這個案例……，讓 [他] 開始研究煉金術」。在煉金術中，榮格認識到一種新的象徵體系，它超越了諾斯替主義和基督教的模式，但在 1928 年之前，他一直無法找到令人滿意的替代品。在解釋曼的畫作時，他一再堅稱這些意象是曼本人自發產生的，而不是出自他自己的知識興趣所可能強加給她的任何影響。榮格當時對煉金術究竟瞭解多少仍不確定，他聲稱曼對煉金術傳統一無所知；不過，曼很可能從她父親那裡獲得了一些關於治療和煉金術的知識，這些知識為研究瑞登堡的作家所熟知，而瑞登堡的教義與赫密士傳統是相關聯的。

　　在榮格的著作中，他對曼的描述不如她在紐約的朋友和同事那麼個人化，但他承認她的父親「出類拔萃」，並指出她本人「興趣廣泛，極有教養，思維活躍」。他報告說，X 小姐於 1928 年開始接受治療，因為「一些無法避免的困難經歷」，她意識到自己已經「陷入困境」。現代讀者自然是明白的，他所提到的困難可能是指曼、貝廷和哈丁之間存在的複雜的個人關係。曼和貝廷很可能曾是戀人，然而在二十世紀二〇年代初，哈丁取代曼成為貝廷的伴侶。榮格在評註中只提到曼的「兩位女性朋友，她們與她有著共同的知識興趣，並與她結下了終生的友誼」。令人印象深刻的是，也許是

因為曼與榮格的合作，她們三人在大約四分之一世紀的時間裡一直是親密的朋友和同事；熟人有時稱她們為「三駕馬車」。

榮格認為曼被困在大地之母的無意識中。在她描繪自己在海岸線的畫作中，她身後的幾塊岩石像雞蛋，他確信這些岩石預示著她的轉化歷程，儘管他不知道這會如何發展；他沒有特別提到海浪也模仿卵形，同樣預示著誕生。曼的大地和大海形象都包含著她尚未發現的自性。在榮格的鼓勵下，曼繼續著她自發的創作過程，儘管有時她感覺非常危險。

曼一直堅持繪畫，直到去世前不久，她還留下了一幅未完成的畫作。她從未像她的同儕貝廷和哈丁那樣大量寫作，但她晚期為紐約分析心理學俱樂部撰寫的三篇演講顯示了她清晰的思維和雄辯的表達。這些演講還揭示了她的一些價值觀和人生觀。在一次題為〈伊曼紐爾·瑞登堡的自我分析〉（1940）的演講中，曼追溯了瑞登堡從五十五歲開始經歷的生命改變過程——這正是她與榮格一起開始緊密工作的年齡。曼研究了瑞登堡的夢境，以及他屈服於需要徹底犧牲自我的迷失，這一過程最終導致了他精神上的深刻轉變，並使他的作品重新定位。他與無意識的相遇與榮格在《紅書》中對自己沉淪過程的描述相似，後者同樣改變了榮格的生活和工作。曼指出，瑞登堡認識到了投射的危險、理性的局限、對立張力的價值以及作為人生指南的苦難。她將他視為「榮格的先驅」，並從榮格的角度解釋了他的經驗。

曼在 1943 年秋天完成了一幅曼陀羅，當時她剛做完乳腺癌手術，兩年後便因病去世。這幅色彩鮮艷的圖畫包含八個小圓圈，上面畫著十二隻飛翔的大雁，下面畫著一隻在荷葉上的青蛙；右邊是一座古老的石頭教堂、一個寫著「誰靠近我，誰就靠近火」的捲軸

和一隻狗（也許就是她的愛犬「巴巴」？），火焰從中心的一顆星當中放射出來，四把藍色扇子彎彎曲曲，為畫作標出了四個角。這幅被曼命名為「曼陀羅誕生」的作品，直到 2012 年才發表。

在分析心理學俱樂部為曼舉行的追悼會上，哈丁引用了諾斯替派的《約翰福音》中的一些段落，她說，曼「在她生命的最後日子裡，要求別人一遍又一遍地讀給她聽」。在這段經文中，基督復活後出現在一個黑暗的洞穴中，並解釋了受難的矛盾經歷，受難卻又不受難，因為內在的神聖精神具有超越性的奧祕。

1938 年，曼曾在紐約分析心理學俱樂部的一次會議上宣讀了一篇演講稿，同年她最後一次見到榮格本人，演講的題目是〈死亡的陰影〉。這令人不禁懷疑她是否在無意識中預感到了七年後自己痛苦的死亡。榮格在《靈魂與死亡》一書中斷言，死亡「早在真正死亡之前就開始了」，而她的思考似乎證實了這一點。曼引用了《西藏度亡經》中一段激動人心的文字：

高貴的生靈啊，當你的身體和心靈分離時，你一定經歷過純粹真理的一瞥，它微妙、閃亮、明亮、耀眼、光輝燦爛、令人敬畏，在外觀上就像春天裡的海市蜃樓，以一種連續不斷的振動流穿過風景。不要因此而畏縮，也不要因此而恐懼，更不要因此而驚嘆，這就是你自身真性的光芒。認識它。

從那光芒之中，會傳來「真實」的自然之音，就像無數雷鳴同時響起。這就是你真實自我的自然之聲。不要因此而畏縮，不要因此而恐懼，也不要因此而驚慌。

曼將死亡視為一個機會，「透過從幾乎只活在意識中的生活中

抽離性慾，與我們真正的自我建立越來越緊密的關係」。她問道：
「那麼，誰能說晚年不是為朦朧的未來做準備，而非為實際的死亡
過程做準備呢？」就她而言，似乎很難否認這一點。

曼在 1938 年演講的結論中，含蓄地回到了她在演講同年與榮
格進行的最後一次分析會談中畫的那朵美麗的花，榮格於 1959 年
將這朵花印成了她的曼陀羅系列的最後一幅畫。她寫道：

> 就好像我們每個人一出生就被植入了一顆種子，「比渺小的
> 更渺小，比偉大的更偉大」，在中年早期的激情奮鬥中，這顆種子
> 在很大程度上是在無意識中孕育的。但是，隨著自我時期的衝突減
> 弱，陰影逐漸逼近，心靈深處的那朵永生的四瓣花就會完全展開，
> 榮格稱之為自性。

曼在畫中描繪了她寧靜、多瓣、白色的花朵，象徵性地描繪了
這顆種子全部能量的神聖顯現。曼最後一次在分析心理學俱樂部發
表演講是在 1943 年春天，也就是她去世前兩年半，當時另一場毀
滅性的戰爭正在歐洲和太平洋地區造成死亡。演講的背景是著名神
話學家海因里希・齊美爾（Heinrich Zimmer）的追悼會，齊美爾在
這一年去世，享年五十三歲。她在分析心理學俱樂部最後一次演講
引用了齊美爾「邪惡的整合」中的一段話：

> 沒有什麼會死亡，沒有什麼會消亡，沒有什麼會徹底毀滅。沒
> 有能量，沒有美德會消失——無論是在物理學中還是在心理學中。
> 死亡和毀滅是轉變的外在面具——或好或壞，或高或低。

最後，曼說：「那麼，我們這些活著的人，就應該把（他）在我們中間短暫停留所留下的靈感，作為一份永久的遺產，在我們的心中保持鮮活。」

曼學會了接受生命中的風雲變幻，同時也看到了其中閃耀的永恆光芒。1945 年 11 月 12 日，她因乳腺癌疼痛難忍，住院五個月後去世。此前九個半月，榮格感受到了第二次世界大戰帶來的孤立無援，他給她寫了一封熱情洋溢的親筆信，描述了自己前一年心臟病發作後瀕臨死亡的經歷。據我所知，這是他對那次經歷的首次文字描述。多年後，他在《榮格自傳：回憶‧夢‧省思》的第十章〈靈視〉中描寫得更加清楚。下文是榮格這封信的全文，它證明了他對曼的尊敬和友誼的力量，也表明了他們在面對生命的最後一個謎團——死亡時，所共有的親情：

2 月 1 日，1945 年

親愛的曼博士

艾莉諾‧貝廷在幾天前給我的信中，已經告訴了我您生病的消息。我希望能親自與您通話，但我們彼此相距甚遠，而且我們與世界其他地方分離的時間又是如此之長，以至於讓人感到通信無望。我們甚至不相信我們的信件能夠跳過我們與廣闊世界之間的深淵。但我還是希望能有一顆好星星，將我的信傳遞給你。

如你所知，死亡天使也擊倒了我，幾乎成功地將我從石板上抹去。從那時起，我幾乎就成了一個廢人，從四面八方射來的箭中慢慢恢復過來。幸運的是，我的頭腦沒有受到傷害，我可以忘我地從事科學工作。總的來說，我的病是一次最寶貴的經歷，它給了我不可估量的機會，讓我得以一窺面紗背後的世界。唯一的困難是擺脫

肉體，赤身裸體地脫離世界和自我意志。當你可以放棄瘋狂的求生意志，當你似乎墜入無底的迷霧，那麼真正真實的生活就開始了，擁有你本該擁有卻從未達到的一切。這是一種無法言喻的偉大。我是自由的，完全自由和完整的，這是我從未有過的感覺。我發現自己距離地球 15,000 公里，我看到地球就像一個巨大的球體，在無以言表的美麗藍光中熠熠生輝。我站在印度南端的正上方，印度和錫蘭就像深藍色大海中閃閃發光的蛋白石，閃耀著銀色的藍光。我置身於宇宙之中，那裡有一塊巨大的孤石，孤石上有一座寺廟。我看到它的入口被無數椰子油的小火苗照亮。我知道，進入寺廟，我將獲得全部知識。但就在這時，一個來自世界（當時世界還只是宇宙中一個非常微不足道的角落）的使者來到了這裡，他說不允許我離開，就在這一刻，整個幻象完全崩潰了。但從那之後的三個星期裡，我每天晚上都在宇宙中睡去，醒來，並經歷了完整的幻象。不是我與某個人或某樣東西結合在一起——它是結合在一起的，它是神聖婚禮（hieros gamos），是神祕的聖阿格尼絲（Agnus，羔羊）。這是一個無聲的、無形的節日，瀰漫著無與倫比的、無法形容的永恆的幸福感，我從未想像過人類能體驗到這種幸福感。只要我們置身於死亡之外，從外面看，死亡是最難的事情。但一旦進入其中，你就會品嘗到如此的完整、安寧和滿足，讓你不想再回去。事實上，在我看到幻象後的第一個月裡，我患上了黑色憂鬱症，因為我覺得自己正在康復。在那裡，你受制於萬有引力定律和內聚力，被囚禁在三維系統中，與其他身體一起在湍急的時間流中打轉。這裡有充實，意味著滿足，意味著永恆的運動（而不是時間的運動）。

　　雖然你的來信日期是 1944 年 11 月 27 日，但我希望我的答覆

能在今天到達你的手中。你的信今天到，我馬上寫信給你。

在我生病的整個過程中，有一種東西在支撐著我。我的雙腳不是站在空中，我有證據證明我已經到達了安全的地方。無論你做什麼，只要你真心誠意地去做，最終都會成為你通向完整的橋梁，成為一艘好船，載著你穿越第二次誕生的黑暗，在外人看來，這似乎就是死亡。我不會再堅持太久了。我已被標記。但幸運的是，生活變得暫時了。它已成為暫時的偏見，暫時的工作假設，但不是存在本身。

耐心點，把它當作另一項艱巨的任務，這次是最後一項。

致上我的問候，卡爾・榮格

榮格的告別像是對另一個境界的歡迎，而就在幾個月前，他自己也曾如此激動和狂喜地造訪過這個境界。在曼最後的轉化中，他又一次扮演了她信任的、過去一直鼓勵她的睿智導師的角色。在她去世前三、四個月的一個早晨，她在病房裡看到了「一道不可言喻的光芒」，這道光芒「持續了大約一個半小時，給她留下了深深的寧靜和喜悅……，這種感覺一直難以磨滅」，儘管她的健康狀況惡化，精神狀態也每況愈下。榮格後來告訴貝廷，他相信在那次經歷中，「她的靈魂已經離開了她的身體」。

更早幾年前，曼在〈死亡的陰影〉中猜測道，她的精神已經離開了她的身體：

也許有一束光照亮了黑暗，也許黑暗正在成長，以便理解這束光。這道光賦予生命以意義，它的光輝使我們能夠在自己的經歷中

理解我們生活的目的。

　　也許，正是我們對無意識過程的更多瞭解，才會使我們越來越能理解這種在黑暗中閃耀的光芒，使晚年生活有助於（當人們以更多的智慧生活在晚年時）揭示所有奧祕中最偉大的奧祕——死後可能存在的生命，即使在地球上生活了數百萬年，我們對死後的生命也一無所知。也許，即使在死後，意識的連續性也不會中斷。一種更深層次的意識可能會出現，而這種意識的理解需要收回生命之光本身。

　　曼明白，害怕死亡的靈魂永遠學不會生活。她對人類存在的超越性看法，以她自己有意識的生活為基礎，這是她留給我們的最後遺產——一個生活中的藝術家的最高禮物。

| 附錄三 |
中英譯詞對照

A

a priori 先驗的

Abarbanel 阿巴爾班諾

Abercius inscription 亞伯克尤斯墓誌銘

Abrabanel 阿布拉班諾

Achurayim 四界

active imagination 積極想像

Aeons 靈體溢恩／伊雍

affectivity 感觸性

agathodaimon 阿加索代蒙

amor fati 命運之愛

androgynous 陰陽同體

anima mundi 世界靈魂

anima 阿妮瑪

animal spirit 動物精神

animus 阿尼姆斯

Antenna Crucis II: Das Meer der Welt 〈桅杆之為十字架（二）：世界的海洋〉

anthracites 無煙煤

Anthropos 第一人安索波斯

Aphrodite 阿芙蘿黛蒂

apocatastasis 萬物復興

Apocrypha 《舊約之偽典與經外書》

Apuleius 阿普列尤斯

arbor philosophica 哲學樹

archetype of wholeness 圓滿性的原型

archetype 原型

Asklepios 醫療之神阿斯克勒庇由

Atman 真我

atman 阿特曼，靈魂之意

auctor rerum 造物者

aurum philosophicum 哲學金

aurum potabile 金藥水

aurum vitreum 玻璃金

axiom of Maria 瑪麗亞公理

B

Barbelo-Gnosis 以巴貝洛為宗之靈知派

Baruch 巴路克

Basilius Valentinus 巴西琉斯・瓦倫提努斯

become 成真

being-for-itself 對己存有

being-in-itself 自在存有

Benares 貝拿瑞斯

benedicta viriditas 幸福的生命綠光

Benoît 法國作家班諾瓦

Bhutia Busty 布提亞巴士提

Bön 苯教

C

carbons 碳精類

Carus 卡魯斯

cauda pavonis 孔雀尾巴

chakra 脈輪

chen-yen 真人

chthonic 本能

Chymical Wedding 《化學婚配》

cinnabar of the philosophers 哲人硃砂

cinnabar 硃砂

Clement of Alexandria 亞歷山大城之克萊門特

Clementine Homilies 《克萊門丁·霍米利斯》

Codex Alchemicus Rhenoviensis 《萊茵河煉金手抄本》

Codex Rhenoviensis 《萊茵河手抄本》

Collected Papers on Analytical Psychology 《分析心理學論文集》

collective unconscious 集體無意識

complexio oppositorum 對立情結

concupiscentia 淫欲

coniunctio 結合／加乘結合

Conrad of Würzburg 維爾茨堡的康拉德

consensus gentium 共識

consummatum est 完結

corpus glorificationis 榮耀之身

corpus incorruptibile 不朽之身

corpus mysticum 聖體

counter-earth 相對地球

D

Danaë 達納厄

De Gubernatis 德·古柏那提斯

Dei posteriora 上帝之背

Deianeira's robe 迪爾奈拉的長袍

Demiurge 巨匠造物主

Democritus of Abdera 德謨克利圖斯

Demonishness 魔性

Dervish 德爾維希

deus ex machina 天外飛來的救星

Dialoghi d'amore 《愛的對話錄》

Diamond Body 金剛不壞之身

divine Birth 神性誕生

Docetists 幻影論者

Don Judah Abrabanel, of Lisbon 里斯本的唐·猶大·阿布拉班諾

Dorje 金剛杵

dragon's blood 龍的血

dreaming personality 做夢中人格

duplication motif 複製母題

E

E. T. A. Hoffmann E. T. A.·霍夫曼

Earth 地球／大地

Eartly Man 世人

Edem 伊甸

ego 自我

ego-center 自我中心

ego-consciousness 自我意識

ego-personality 自我人格

Eirenaeus Philalethes 英國煉金術士艾倫奈烏斯·費拉雷特斯

Elenchos 《反詰辯》

Elohim 伊洛西姆
Enantiodromia 反向轉化作用
Enoch 以諾
Esther Harding 艾斯特・哈丁
Eternal Nature 永恆自然
Étoile 星形廣場
Ezekiel 以西結

F

Father 聖父
Faust 浮士德
femina alba 白色女性
fiery serpent 熾燄火蛇
Flagrat of Joy 歡愉火焰
four seraphim 四活物
fourth form 第四形態

G

Galatea 海精靈嘉勒提亞
Good One 唯一的善

H

H. Ghost 聖靈
Hephaestus 赫菲斯托斯
Hermès Kyllenios 生於凱林山洞穴
　的赫密士
Hermes Trismegistus 偉大的赫密士
Hermes-Nous 赫密士神聖心智
Hildegard of Bingen 賓根的賀德佳
Hínayāna Buddhism 上座部佛教
Hippolytus 希坡律圖
Hiranyagarbha 金芽／金蛋
Hölderlin 賀德齡
homo altus 偉人

homo interior 內在之人
homo maximus 崇高偉人
homo quadratus 四方人
homunculus 生命體
Horus 荷魯斯
Horus-child 幼年荷魯斯

I

Iamblichus 楊布里科斯
Ichthys-symbol 基督魚
imago Dei 上帝意象
in-dividual 無法一分割的
individuation process 個體化歷程
individuation 個體化
Isis 埃西斯
Ixion 伊克西翁

J

Jakob Böhme 雅各・波墨
Janus-face 雅努斯的雙重性
Job 約伯
John Dee 約翰・狄

K

ka （象徵生命精華的）卡
Khepera 凱布拉
kilkhor 中圍，藏語的曼陀羅
Kingdom of Darkness 黑暗國度
Kingdom of Glory 榮耀國度
Klippoth 硬殼
kundalini 拙火
Kypris 源自塞浦路斯的愛與美之女
神

L

L'Atlantide 《亞特蘭提斯》

Lactantius 拉克坦提由斯

lapis philosophorum 哲人石

lapis 原石

Leone Ebreo 里奧・艾伯諾

Leviathan 利維坦

Lexicon 《煉金字典》

ligamentum corporis et spiritus 肉體與精神的結合

lingam 象徵濕婆的陽具標誌

Litany of Loreto 洛雷托連禱文

Lokapata 四大天王

Loki 洛基

love-desire 愛之欲

Lucifer 路西法

lustre of the fire 火焰的光芒

M

Madura 馬杜拉

Mahāyāna Buddhism 大乘佛教

Maitrayana-Brahmana Upanishad 《彌陀—婆羅門奧義書》

malitia 邪惡

mandapam 門廊

Marsilio Ficino 醫師暨煉金術士馬西利奧・菲奇諾

Martianus Capella 馬提雅努斯・卡培拉

massa confusa 一團混沌

maximus 崇高

Maya 摩耶

Melothesiae 醫療占星術

membrum virile 陽具

Mennens 曼能斯

mentem in igne orbiculari 火球中之心靈

Mephistopheles 梅菲斯托飛列斯

mercurius crudus 硫化汞

Mercurius duplex 雙重墨丘利

Mercurius Philosophorum 哲人的墨丘利

Mercurius spiritualis 靈性的墨丘利

Mercurius vulgaris 粗糙水銀

Mercurius vulgi 粗糙水銀

Mercurius 墨丘利

Merkabah 莫卡巴

microcosm 微宇宙

minera 原始物質

Mithras 密特拉斯

Moknine 突尼西亞的莫克寧鎮

Monk of Heisterbach 海斯特巴赫的修士

Monogenes 唯一上帝

Morton Prince 莫頓・普林斯

Mother Earth 大地之母

motherland 母土

Moyses 摩西

Mūlādhāra 底輪

Multatuli 穆爾塔圖里

N

Naas 納斯

Naassene 納森尼

neti neti 非此亦非彼

neurosis 精神官能症

Nicholas Caussin 尼可拉・高桑

靈魂四十問》

R

Ra 埃及太陽神拉
Rahner 拉諾
Ramanuja 印度哲學家羅摩努闍
Ras Shamra 拉斯沙姆拉
regina 皇后
regulus 精煉結果
rex gloriae 榮耀之王
Richard Wihelm 衛禮賢
Rider Haggard 瑞德・哈格德
Rig-Veda 《梨俱吠陀》
Rosarium 玫瑰園圖
Rosencreutz 玫瑰十字會
rotundum 圓
rubedo 紅化期
Ruland 路蘭特

S

Saint John of the Cross 聖十字若望
Sal Saturni 土星之鹽
Sal Tartari mundi maioris 地獄之鹽
Salniter 硝鹽
salnitrous 硝鹽
samadhi 三昧
Samyutta-nikāya 《相應部》
Sanatsugatiya 《摩訶婆羅多》
Sapientia 智慧
schizophrenia 思覺失調症
Schopenhauer 叔本華
scintilla 火光
second ego 第二自我
self 自性

senarius 6
sensation 感官型
serpens mercurialis 善變的蛇
sesquitertian proportion 3：4 的比例
shadow 陰影
Shakti 夏克提
Shatapatha-Brahmana 百道梵書
She 《她》
Shiva-bindu 濕婆明點
sine qua non 必要條件
Sonne 太陽
spirit 精神
spiritus mercurialis 墨丘利精神
spiritus Tartari 酒石酸
status nascendi 初生狀態
subtle body 妙體
summum bonum 至善
summum desideratum 至高的欲求
superconsciousness 超意識
Symposium 《饗宴》
synodos Lunae cum Sole 日月交合／日
　　月聖婚
Synoptic Gospels 對觀福音
Syrian Apocalypse of Baruch,
　　Apocrypha 〈巴路克之敘利亞啟
　　示錄〉

T

Tantric 怛特羅密教
tartar 酒石酸氫鉀
Tartarus 塔塔入斯
Tathagata 佛陀
temenos 聖域
Tetragrammaton 四字形字母

tetraktys 四體
tetrameria 四分法
The Devil's Elixir 《惡魔靈藥》
the First Principle 第一原理
the One Existent 唯一存有
the One 一體
The Philosophy of Love 《愛的哲學》
The Psychology of the Transference
〈移情心理學〉
The Relations between the Ego and
the Unconscious 〈自我與無意識
的關係〉
The Secret of the Golden Flower 《金花
的祕密》
The Spirit Mercurius 〈神靈墨丘
利〉
the spirit Mercurius 墨丘利精神
the third Person 第三位格
Théodore Flournoy 提奧多・福魯諾
Tibetan Book of the Dead 《西藏度亡
經》
Timaeus 《蒂邁歐篇》
Tom Thumb 拇指湯姆
total 完整
Tractatus aureus 《哲人石金論》
transcendent function 超越功能
Trickster 搗蛋鬼
Triumphal Car of Antimony 《凱旋的
銻戰車》
Typhon/Set 颱風惡魔

U

uniting symbol 統合象徵
universal consciousness 普遍意識

unus et ipse 一己
Upanishads 《奧義書》
uroboros dragon 銜尾龍

V

varkas 光
vas hermeticum 密閉容器
Vedanta Sutra 《吠檀多經》
vestigia retro 溯源
via sancta 朝聖之路
visions 靈視
von Hartmann 馮・哈特曼
vulgi 粗糙水銀

W

Weltschmerz 悲憫世間
whole 整體
Will 意志
Works 《作品集》
World Wheel 世界輪
Wotan 沃坦

Y-Z

Yajñavalkya 聖者耶若婆佉
Yama 死神閻魔
yantra 具
Yesod 依索德
Yoga-sütra 《瑜伽經》
yugas 時代
Zosimos 佐西莫斯

第二章彩圖

圖一

圖二

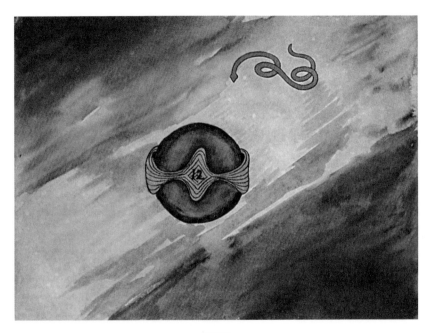

圖三

圖四

圖五

圖六

圖七

圖八

　　　　　　　　　榮格與 X 小姐的曼陀羅：個體化歷程研究

圖九

圖十

　　　　　　　　　　　　　榮格與 X 小姐的曼陀羅：個體化歷程研究 ├─────

圖十一

圖十二

　　　　　　　　　　榮格與 X 小姐的曼陀羅：個體化歷程研究

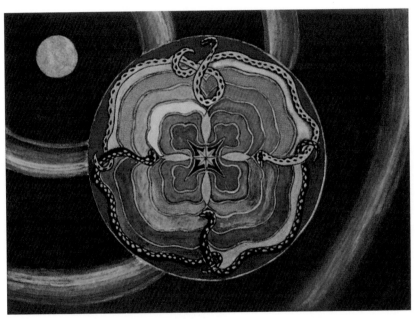

圖十三

圖十四

圖十五

圖十六

圖十七

圖十八

圖十九

圖二十

榮格與 X 小姐的曼陀羅：個體化歷程研究

圖二十一

圖二十二

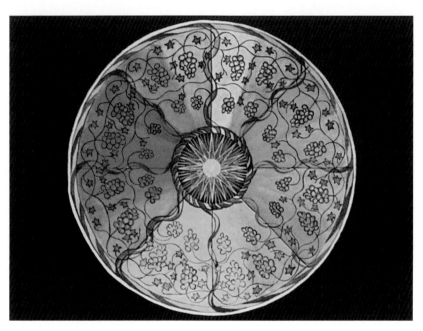

圖二十三

圖二十四

　　　　　　　　　　　榮格與 X 小姐的曼陀羅：個體化歷程研究

第三章大圖

圖一

圖三

圖四

圖五

圖六

榮格與 X 小姐的曼陀羅：個體化歷程研究

圖七

圖八

圖九

圖十

圖十一

圖十二

圖十三

榮格與 X 小姐的曼陀羅：個體化歷程研究

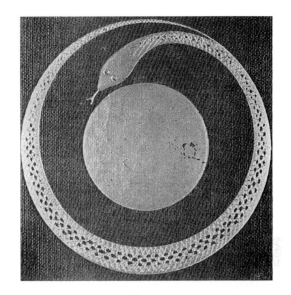

圖十四

圖十五

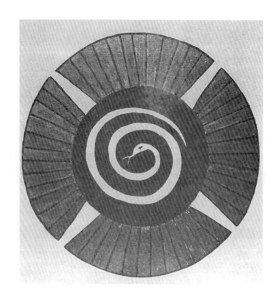

圖十六

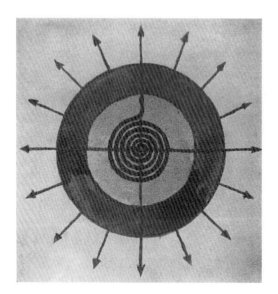

圖十七

榮格與 X 小姐的曼陀羅：個體化歷程研究

圖十八

圖十九

圖二十

圖二十一

圖二十二

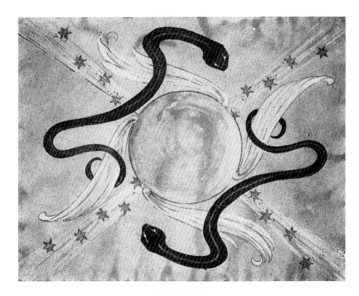

圖二十三

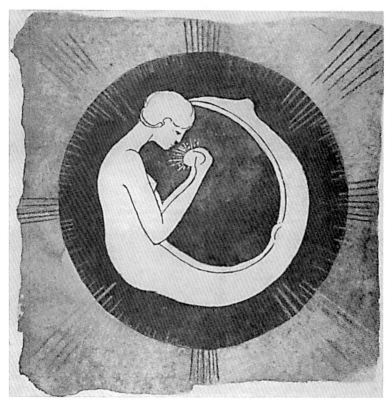

圖二十四

圖二十五

圖二十六

圖二十七

榮格與 X 小姐的曼陀羅：個體化歷程研究 ├────

圖二十八

圖二十九

圖三十

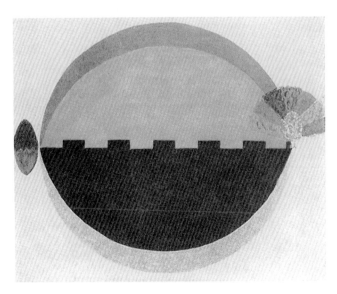

圖三十一

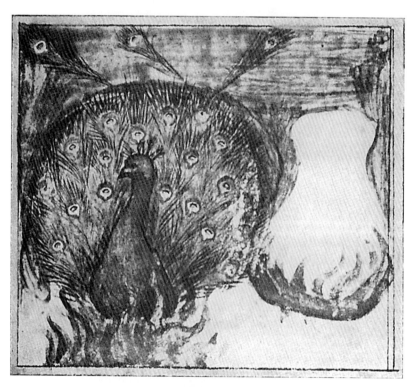

圖三十二

榮格與 X 小姐的曼陀羅：個體化歷程研究

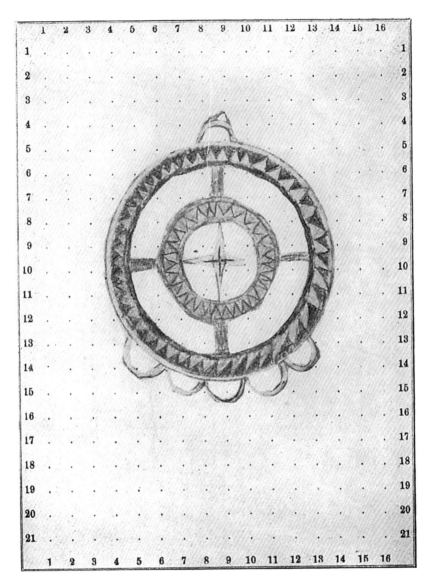

圖三十三

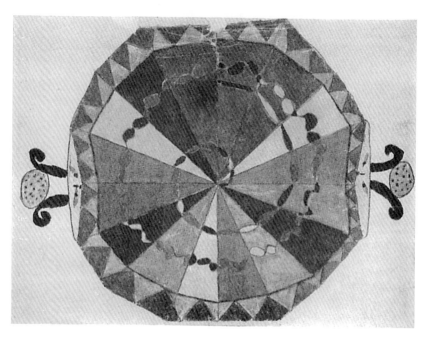

圖三十四

榮格與 X 小姐的曼陀羅：個體化歷程研究

圖三十五

圖三十六

　　　　　　　榮格與 X 小姐的曼陀羅：個體化歷程研究

圖三十七

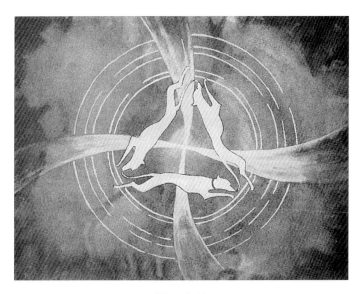

圖三十八

圖三十九

圖四十

圖四十一

圖四十二

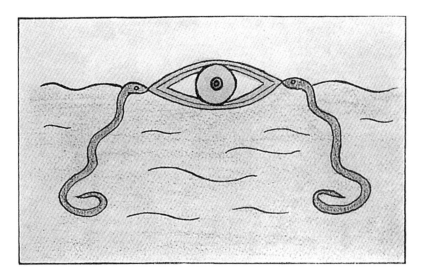

圖四十三

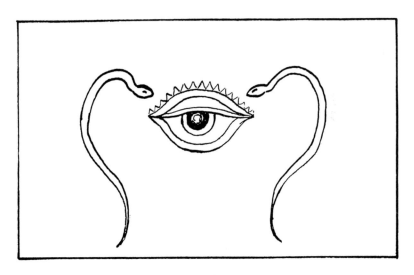

圖四十四

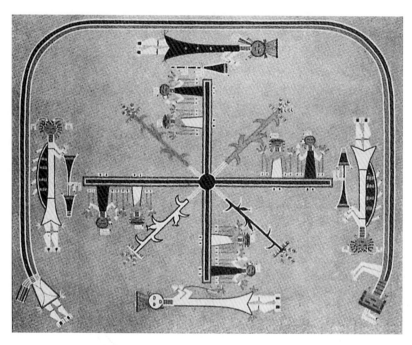

圖四十五

榮格與 X 小姐的曼陀羅：個體化歷程研究

圖四十六

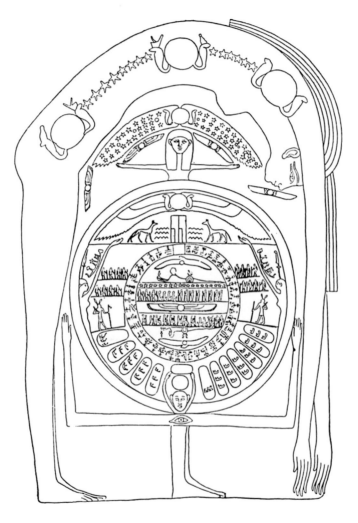

圖四十七

圖四十八

圖四十九

　　　　　　　　　　　榮格與 X 小姐的曼陀羅：個體化歷程研究 ├─

DECIMA FIGURA.

圖五十

圖五十一

圖五十二

圖五十三

榮格與 X 小姐的曼陀羅：個體化歷程研究 ⊢

圖五十四

PsychoAlchemy 042

榮格與 X 小姐的曼陀羅：個體化歷程研究
A Study in the Process of Individuation
作者─卡爾・榮格 Carl G. Jung

出版者─心靈工坊文化事業股份有限公司
發行人─王浩威　總編輯─徐嘉俊
譯者─王慶蘋
責任編輯─黃心宜　特約編輯─鄭秀娟
內文排版─龍虎電腦排版股份有限公司

通訊地址─106 台北市信義路四段 53 巷 8 號 2 樓
郵政劃撥─19546215　戶名─心靈工坊文化事業股份有限公司
電話─02）2702-9186　傳真─02）2702-9286
Email─service@psygarden.com.tw　網址─www.psygarden.com.tw

製版・印刷─中茂分色製版印刷股份有限公司
總經銷─大和書報圖書股份有限公司
電話─02）8990-2588　傳真─02）2290-1658
通訊地址─242 新北市新莊區五工五路 2 號（五股工業區）
初版一刷─2023 年 11 月　ISBN─978-986-357-335-7 定價─480 元

國家圖書館出版品預行編目資料

榮格與 X 小姐的曼陀羅：個體化歷程研究 / 卡爾・榮格 (Carl G. Jung) 著；王慶蘋譯 .
-- 初版 . -- 臺北市：心靈工坊文化事業股份有限公司 , 2023.11
　面；　公分 -- (PsychoAlchemy；42)
譯自：A study in the process of individuation
ISBN 978-986-357-335-7（平裝）

1.CST: 榮格 (Jung, C. G.(Carl Gustav), 1875-1961)　2.CST: 精神分析學
3.CST: 心理治療

170.189　　　　　　　　　　　　　　　　　　　　　　　　112017811